KB004674

세계에서 가장 성공한 사람은 시간을 어떻게 다룰까

손정의의
시간 관리법

세계에서 가장 성공한 사람은 시간을 어떻게 다룰까

손정의의
시간 관리법

미키 다케노부 지음
송은애 옮김

시크릿하우스

시간은
관리하는 것이 아니라
창조하는 것이다

"시간은 인생에서 가장 귀중한 자원이다."

일본의 대표적인 부호 손정의의 삶의 근간을 이루고 있는 사고다. 소프트뱅크 그룹을 창업해 시가 총액 10조 엔 규모의 기업으로 키워낸 그는 현재 모든 것을 손에 넣을 수 있다. 돈, 사람, 재화, 정보 등 자신이 원하는 것을 모조리 가진 셈이다. 그의 개인 자산은 2조 3000억 엔으로 2018년에도 전년에 이어 미국의 경제 전문지 〈포브스〉가 선정하는 일본의 부자 순위 1위에 올랐다.

그가 원한다면 구글의 전 임원, 니케시 아로라Nikesh Arora나 도이체방크의 전 임원, 콜린 팬Colin Fan 같은 세계적인 거물 경영인도 영입할 수 있다. 게다가 일본에 단 셋밖에 없는 통신업체 중 하나를 가지고 있고, 인프라와 설비를 비롯한 온갖 유형 자산들을 획득했다. 미국의 트럼프 대통령이 당선 직후 아베 총리보다 그와 먼저 회담했을 정도로 인맥과 정보망까지 갖췄다.

단, 모든 것을 다 가진 손정의도 손에 넣지 못하는 것이 있다. 바로 '시간'이다. 엄청난 힘과 영향력을 갖고 있는 손정의조차도 하루를 30시간이나 40시간으로 연장할 수는 없다. 즉, 시간이란 자원만은 누구에게나 공평하게 주어진다.

20대 중반에 내가 손정의의 비서가 됐을 때 그는 내게 이렇게 말했다.

"비서의 역할은 사장의 시간을 철저히 효율화해서 어떻게 하면 하루 24시간을 남기지 않고 전부 사용할 수 있을지를 생각하는 거라네!"

돈이나 사람은 외부에서 조달할 수 있지만 시간만은 절대 늘릴 수 없다. 그러므로 '사장의 시간'이라는 궁극적 자원을 잘못 사용하면 이것이 회사에 병목현상을 일으킬 수도 있다는 사실을 명심하라는 말이었다. 입사 첫날, 비서의 역할에 대해 그가 이해하기 쉽게 설명해준 것이 아직도 기억에 생생하다. 나는 그의 말대로 사장의 시간이 단 1초도 낭비되지 않게끔 일정을 짜고 업무 절차를 정비하는 등, 그의 말을 실행하고자 부단히 애썼다.

그 후 나는 사장실 실장이라는 직함이 생겼고 ADSL(기존의 전화선을 이용하여 컴퓨터 고속 데이터 통신을 할 수 있게 하는 수단)사업인 야후BB(야후 브로드밴드)를 비롯한 수많은 안건에서 프로젝트 매니저를 맡게 되었는데, 이는 손정의가 비서로서 실천해온 나의 시간 활용법을 높이 평가하고 인정해준 덕분이라고 생각한다.

"일 잘하는 사람이 되려면 무엇보다 시간 다루는 능력을 갈고 닦아야 한다."

이것이 바로 소프트뱅크 근무 시절에 내가 얻은 가장 큰 교훈이다. 이 책에서 나는 손정의 곁에서 확립한 시간 관리법을 아낌없이 전달하려 한다.

현재 일본에서는 '일하는 방식 개혁'이란 구호 아래 많은 기업들이 업무 효율화와 생산성 향상을 꾀하고 있다. 그러나 대부분 '개인이 스스로 노력해 업무 생산성을 향상하라'는 식이다.

분명히 말하지만 이런 개혁 방식은 옳지 않다. 개인의 노력에 의존하지 않고 조직에서 시간을 효율화하는 시스템을 만들어야 한다. 아무리 개인이 노력해 작업 속도를 높여봤자 부서 간 연계가 원활하지 않거나 시간만 질질 끌뿐 결론이 나지 않는 회의가 일상적으로 이루어진다면, 불필요한 재작업 또는 대기 시간이 발생하여 결국 개인이 장시간 노동을 하게 된다.

조직의 시간을 효율화하고 생산성을 높일 수 있는 시스템만 갖춰지면 그다음은 개인이 묵묵히 일을 처리하기만 해도 최단 기간에 최대 성과가 난다. 소프트뱅크에는 이 같은 시스템이 확립되어 있었기에 조직 전체에서 극적인 초고속 성장을 이뤄낼 수 있었다.

앞에서 설명한 대로 나는 20대 중반에 소프트뱅크에 입사해 만 33세에 독립하기 전까지 손정의 밑에서 일했다. 손정의의 가방을 들고 다니는 비서에서 시작해 만 27세에 사장실 실장이 되었고, 그 후에는 손정의의 지시로 다양한 프로젝트를 담당했다.

- 마이크로소프트사와 합작해 자동차 포털사이트 '카포인트(현 카뷰)' 설립.
- 미국 나스닥(NASD)과 제휴해 증권거래시장 '나스닥재팬' 개설.

- **일본채권신용은행(현 아오조라은행) 인수.**
- **고속 인터넷 회선의 ADSL사업인 '야후BB' 설립.**

대충 기억을 더듬어보기만 해도 대형 안건이 즐비하다. 모두 당시에는 전례가 없는 도전적인 프로젝트로 일반 회사라면 한 프로젝트당 수년 또는 10년이 넘는 시간을 들여서 간신히 성공했을 법한 것들이었다. 그러나 소프트뱅크는 내가 근무한 약 8년 동안 이 사업들을 잇달아 추진했을 뿐 아니라 압도적인 성과까지 냈다.

내가 입사했을 당시 소프트뱅크는 일본인들도 잘 알지 못하는 수많은 IT 벤처기업 중 한 곳이었지만 불과 수년 만에 통신회사로서 두각을 나타내더니 마침내 누구나 이름을 아는 대기업으로 눈부시게 성장했다.

소프트뱅크가 현재까지 걸어온 길을 더듬어봐도 소프트뱅크의 순이익은 창업 36년째인 2017년 3월기 결산에서 1조 엔을 넘어, 창업한 지 80년이 넘는 도요타자동차에 근접했다. 참고로 도요타자동차가 순이익 1조 엔에 도달하기까지는 창업 이래 67년이 걸렸으므로 단순히 계산해도 소프트뱅크의 성장 속도는 도요타자동

차의 약 두 배 정도다. 일본을 대표하는 기업과 비교했을 때 두 배
이니 일반 회사와 비교하면 다섯 배에서 열 배 정도의 속도로 앞
으로 나아가는 셈이다.

정말이지 17년 전에는 비좁고 오래된 주상복합 빌딩의 한 사무
실에서 나와 손정의를 포함한 직원 네 명이서 근근이 야후BB 설
립 프로젝트를 추진했으니, 그때를 생각하면 이 성장 속도는 놀랍
다고밖에 표현할 길이 없다.

손정의의 시간 감각은 다른 경영인과 비교해도 차원이 다르다.
비유를 하자면, 모두가 걸어서 목표 지점으로 향하는 와중에 손정
의 혼자만 자동차를 타고 간다고나 할까? 다른 사람들이 어떻게
하면 더 빨리 걸을 수 있을지 경쟁할 때, 자동차라는 전혀 다른 수
단을 사용하는 사람이 나타난다면 이길 도리가 없다.

손정의가 이끄는 소프트뱅크의 경영과 조직 시스템에는 지금까
지의 일본 기업이 필요로 했던 시간을 단숨에 뛰어넘는 힘이 있다.

이 무시무시한 성장은 당연히 경영의 최고책임자인 손정의의
리더십이 있었기에 가능했다. 다만, 손정의가 내세우는 목표를 조
직적으로 달성하려면 주변 사람들도 그의 속도 감각을 따라가야

한다. 나 역시 비서로서 혹은 사장실 실장으로서 손정의에게 온갖 '다양한 업무 지시'를 받았다.

"2주 후 나스닥재팬의 설립 총회를 열겠다. 매스컴에 대대적으로 보도할 테니 총회 당일 벤처기업인을 2000명 모아라!"

"콜 센터 유지 비용이 너무 많이 드니 이번 회기 중 비용을 3억 엔 삭감하라!"

다시 생각해도 불가능하다고 외치고 싶을 법한 과제들이었다. 게다가 손정의의 지시는 반드시 '최단 마감 시한'과 함께 날아온다. '시간을 들여서라도 일을 잘하라'는 말은 절대 하지 않는다. '초고속으로 최대 성과를!' 이것이 손정의가 내게 늘 요구한 목표였다.

이런 상황 속에서 나는 필사적으로 머리를 굴려 업무 방식이나 일정 짜는 법을 최대한 효율적이게 고안함으로써 손정의의 다양한 요구들을 해결해왔다.

나는 소프트뱅크를 떠나 독립한 후에도 손정의 곁에서 터득한 시간 관리법을 구사해 사업을 급성장시켰다. 현재는 1년 집중형 코칭 영어 회화 사업체 '토라이즈TORAIZ'를 운영 중이다.

2015년 봄에 서비스를 시작한 토라이즈는 1년 만에 일찌감치 흑자를 달성했고, 지금은 학습 거점인 센터가 도쿄·가나가와·오사카에 총 아홉 군데, 수강생 수는 1500명에 달할 만큼 규모가 커졌다. 이와 동시에 야근이 거의 없는 회사를 만드는 데 성공해 회사에서는 모든 센터의 월평균 야근 시간이 약 4시간밖에 되지 않는다. 물론 사장인 나도 매일 정시에 퇴근한다. 이렇듯 '초고속으로 최대 성과'를 낸 비결 또한 손정의 밑에서 조직 전체의 생산성과 효율성 높이는 법을 배운 덕분이다.

이 책은 손정의의 다양한 요구들을 해결하게 해준 '시간 관리법'에 대해 자세히 설명하고 있다. 약속하건대 책에서 소개하는 시간 관리 원칙들을 실천하면 어떤 조직이나 개인이라도 한정된 시간 속에서 큰 성과를 낼 수 있음을 보증한다.

물론 이렇게 생각하는 사람도 있을지 모른다.

'손정의의 다양한 일들을 잘 처리해낸 시간 관리법은 수준이 너무 높아서 보통 사람은 따라 하기 힘들지 않을까?'

하지만 걱정하지 않아도 된다. 손정의는 분명 초인적인 천재지만 그의 요구를 해결해온 사람은 어디까지나 보통 사람인 나이기 때문이다. 나는 딱히 특별한 재능을 가지고 있지 않다. 오히려 소프트뱅크에 입사했을 당시에는 손정의에게 자주 꾸지람을 들었을 정도로 절대 우수한 사원이 아니었다. 이러한 까닭에 지극히 평범한 사람이 실천할 수 있는 방법을 고안해, 능력이나 경험에 상관없이 누구든 따라 할 수 있는 시간 관리법을 만들어내는 데 성공했다.

우선 한두 가지라도 좋으니 이 책에 나오는 방법을 실천해보라고 권하고 싶다. 시간을 사용하는 습관이 하루하루 확 달라지는 것을 실감할 수 있을 것이다.

'오랜 시간 일하는데도 좀처럼 실적이 오르지 않는다' '매일 야근이 이어져 가족은 물론 친구와 보낼 시간이 없다' '일이 산더미처럼 쌓여서 언제나 시간이 부족하다' '자기 계발을 위해 공부하고 싶지만 일에 치여서 그럴 상황이 아니다' 등등. 이런 고민을 하는 사람이라면 부디 이 책을 선택해주길 바란다.

이 책에서 소개하는 시간 관리 원칙들을 실천하면 업무 효율이 향상될 뿐 아니라 가정이나 취미, 학습을 위한 시간까지 충실하게 사용할 수 있다. 눈앞에 있는 일에만 쫓겨 하루하루를 보내는 것이 아니라 개인적인 일상까지 포함한 인생 전체의 질을 높일 수 있다.

이 책이 누군가의 인생을 풍요롭게 만드는 데 도움이 된다면 저자로서 이보다 더 기쁜 일은 없을 듯하다.

차례

손정의의
시간 관리 원칙

☑ **장기 목표가 없으면 단기 일정을 짤 수 없다.**

☑ **우선순위에 따라 일정을 유연하게 조정하라.**

☑ **의식적으로 마일스톤에 집중하라.**

☑ **목표를 정하면 발표하라.**

☑ **혼자 고민하는 시간은 낭비다.**

☑ **우선순위는 계속 바꿔도 된다.**

☑ **정례회의를 활용해 빠르게 의사결정하라.**

☑ **회의에서 '검토 중'이란 말은 필요 없다.**

Part

1

10초 이상
생각하지 말라

목표 없는
시간 관리는
아무 의미 없다

손정의는 '시간'이란 자원을 얼마나 중요하게 여길까. 이를 상징하는 것이 손정의가 10대 때 세운 '인생 50년 계획'이다.

"20대에는 나의 존재를 알리고, 30대에는 사업 자금을 모으며, 40대에 승부를 건다. 그리고 50대에 사업을 완성하고 후계자를 양성한 다음 60대에 은퇴한다."

이 인생 계획을 손정의가 고등학생 때인 만 18세에 세웠다고 하니 놀라울 따름이다. 게다가 손정의는 실제로 이 계획대로 살아가고 있다.

20대에 소프트뱅크를 창업했고, 30대에 주식을 공개했으며, 40대에 ADSL사업에 뛰어들었다. 그리고 50대에 보다폰 일본 법인과 미국의 휴대전화 회사인 스프린트를 인수해 통신회사로서 사업을 완성했다.

구글의 전 임원, 니케시 아로라를 부사장으로 영입한 이유도 후계자를 양성한다는 50대 때 계획을 실현하기 위해서였으리라. 이런저런 사정으로 아로라에게 배턴을 넘겨주는 일만은 뜻대로 되지 않았지만, 만 62세인 손정의(2020년 1월 시점)는 60대의 마지막인 8년간 후계자를 키우고 은퇴한다는 자신의 계획을 착착 진행 중일 것이다.

손정의의 인생 50년 계획을 통해 우리는 무엇을 알 수 있을까. 바로 '성공하는 사람은 장기적으로 인생의 시간을 관리한다'는 점이다. 장기 목표가 없으면 단기 일정을 짤 수 없다. 일정이란 장기 목표로부터 역산해 짜는 것이기 때문이다. 자신의 최종 목표도 알지 못한 채 단지 눈앞에 주어진 일을 끊임없이 처리할 뿐이라면 이는 '일정 관리'라고 말하기 어렵다.

장기 목표가 없으면
단기 일정을 짤 수 없다

손정의는 언제나 자신의 인생 50년 계획으로부터 역산해 10년 또는 1년 단위 계획을 세운다. 내가 비서였을 때는 새해에 자택에 초대받아 손정의와 함께 그해의 계획을 세우기도 했다.

한 가지 예로, 1999년 새해에는 현재 소프트뱅크 경영의 본질로 주목받고 있는 '군(群) 전략'을 실현하기 위한 연 계획을 세웠다. 당시 손정의의 나이는 만 41세로 그의 인생 계획대로라면 '승부'를 걸어야 할 시기였다. 손정의는 2018년 소프트뱅크그룹의 결산 설명회에서 군 전략에 관해 이렇게 설명했다.

"일반적으로 IT기업의 성장주기는 30년이라고 하지만 소프트뱅크를 300년간 계속 성장하는 기업 집단으로 만들고 싶습니다. 그 해결책이 바로 '군 전략'입니다."

즉, 일본 국내·외를 포함해 통신에서 투자까지 다양한 사업을 펼치는 기업을 그룹 내에 다수 보유하고, 단일 회사가 아닌 '군(집단)'으로서 조직을 성장시켜나가는 전략이다. 손정의는 이 구상을 최근이 아니라 나와 함께 연간 계획을 세웠던 21년 전부터 그려왔다.

"군 전략을 실현하려면 40대 때부터 10년간 승부를 걸어 사업

10초 이상
생각하지 말라

PART 1 • 23

체를 끊임없이 늘려야 한다. 여기에서부터 다시 한 번 역산해 올해는 무엇을 해야 할까?"

손정의와 나는 이런저런 의견을 주고받으며 1999년도의 연간계획을 세웠다.

미국에서 주식을 공개한 IT기업 중 시가 총액 3000억 엔 이상인기업들과 합작회사 만들기, 세계은행과 합작회사를 설립해 전 세계 개발도상국의 인터넷 사업에 투자하기. 이것이 인생 50년 계획으로부터 역산한 후에 세운 그해의 '연간 계획'이었다.

산 정상에 오르려면
먼저 올라갈 산부터 정해라

손정의는 두 가지를 모두 실천에 옮겼다. 미국에 합작회사를 잇달아 설립했고, 1년 후인 2000년 2월에는 세계은행그룹의 국제금융공사와 손을 잡고 합작회사를 설립하기로 합의했다.

약 20년이 지난 지금, 소프트뱅크그룹이 시가 총액 10조 엔 규모로 성장한 이유는 손정의가 인생 50년 계획을 잘게 쪼개어 1년단위 계획에 반영한 다음 이를 착실히 실천해온 덕분이다. 장기목표를 세워야만 단기 일정을 세울 수 있고, '지금 무엇을 해야 하

장기 목표를 세워야만 단기 일정을 세울 수 있다

✕ 대부분의 사람

목표로 삼을 산(장기 목표)을 정하지 않았으므로,
나아가야 할 방향을 알지 못하고 같은 장소를 뱅글뱅글 돌다가 생을 마친다.

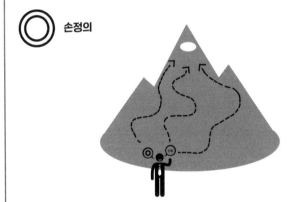

◎ 손정의

'이 산을 오르겠다(장기 목표)'라고 정하면 어느 길로 갈지,
어떤 도구를 갖춰야 할지 등을 계획할 수 있으므로
제아무리 높은 산도 오를 수 있다!

10초 이상
생각하지 말라

는지' 즉, 최적의 시간 사용법을 알 수 있다. 손정의의 행동을 보면 이런 사실이 명확하다.

소프트뱅크에서 근무하던 시절, 나는 손정의에게 다음과 같은 이야기를 여러 차례 들었다.

"어째서 많은 사람들이 큰일을 끝까지 해내지 못하는지 자네는 아는가?"

이렇게 말한 손정의는 종이에 산을 그리고 그 기슭에 빙빙 원을 그린 다음 또다시 말했다.

"대부분의 사람이 목표로 삼을 산을 정하지 않아. 그러니 나아가야 할 방향을 알지 못하고 같은 장소를 뱅글뱅글 돈 채 일생을 마치지. 하지만 '이 산을 오르겠다'라고 목표를 정하면 어느 길을 따라 오를지, 어떤 장비를 갖춰야 할지 등을 계획할 수 있기 때문에 마지막에는 제아무리 높은 산도 오를 수 있다네!"

계획을 세우지 않으면 사람은 아무것도 완수할 수 없다. 손정의는 내게 이 사실을 반복해서 가르쳐주었다.

시간 관리도
투자가
필요하다

        손정의 밑에서 장기 목표와 단기 시간 사용법의 관계를 익혀온 나는 확신한다. 바로 시간을 사용하는 방법에는 '투자'와 '소비'가 있다는 사실이다. 소비란 현재의 행복도는 높이지만 미래의 행복도는 높이지 못하며 또 무형 자산이 되지 못한다.

  반면, 투자란 현재의 행복도는 낮출지 모르나 미래의 행복도를 높이며 또 무형 자산이 된다. 어떤 사람이 매일 스마트폰으로 인터넷을 하거나 SNS를 확인하면서 출퇴근한다고 했을 때 이렇게 행동하는 동안에는 즐겁기 때문에 현재의 행복도는 높아진다. 하지만 이 경험은 자신의 자산으로 남지는 않는다. 단순히 '아, 즐거

웠다'로 끝나는 까닭에 미래의 행복도 또한 높아지지 않는다. 이것이 소비다.

한편, 어떤 사람은 매일 영어 회화를 들으며 출퇴근한다. 졸리거나 피곤할 때 영어 공부에 집중하기란 고통스러운 일인지도 모른다. 그러므로 현재의 행복도는 지금보다 낮아진다. 그러나 이러한 고생을 거듭할수록 그 사람의 영어 실력은 확실히 향상된다. 영어 실력이라는 자산을 손에 넣으면 영어라는 무기를 활용해서 지금보다 연봉이 높은 회사로 이직할 수도 있고, 해외로 인맥이 확장되어 비즈니스에서 크게 성공할 수도 있다. 즉, 미래의 행복도가 극적으로 높아진다. 이것이 바로 투자다.

같은 시간이라도 투자와 소비는 그 사람의 미래 행복도에 커다란 차이를 가져온다는 사실을 이해했으리라. 미래에 이루고자 하는 장기 목표가 있는 사람은 눈앞의 시간을 낭비하지 않고 투자로 눈을 돌릴 수 있다. 손정의 또한 '투자'에 시간을 최대로 소비한다는 사실은 두말할 필요도 없다.

시간 관리는 곧 포트폴리오 관리다

하루 동안의 시간 사용법뿐 아니라 기나긴 인생 속에서도 시간의 투자와 소비 균형을 생각하는 일은 매우 중요하다. 우리는 살아가면서 업무에만 시간을 사용하지는 않는다. 인생의 행복도를 높이는 데는 학습이나 취미, 가정을 위한 시간도 필요하다. 그러므로 시간 관리 역시 돈을 투자할 때처럼 목적별로 배분allocation을 고려하여 포트폴리오를 짜야 한다.

'어느 시기에, 무엇을 위해서, 어느 정도의 시간을 투자해야 할까?'를 항상 생각해 ROIReturn On Investment를 최대화하는 쪽으로 시간을 사용하는 것이 포인트다. ROI란 투자로 얼마만큼의 수익을 올렸는지를 재는 지표로서 본래 금융이나 투자업계에서 사용하는 용어다. 따라서 '시간의 ROI'란 같은 시간을 투자해 얼마만큼 이익을 낼 수 있는가를 의미한다. 즉, 같은 시간을 투자한다면 투자한 시간 대비 더 많은 결실을 가져다주는 쪽을 선택하자는 취지다. 상당히 중요한 개념으로 시간의 ROI에 관해서는 이후에도 종종 설명할 테니 부디 기억해두길 바란다.

예를 들면, 20대 때는 업무나 학습에 많은 시간을 배분해 사업가나 회사원의 기초가 되는 기술과 능력을 갈고닦고 미래의 업무와 경력을 위해 시간을 투자한다. 그리고 30대나 40대 때 가정을 꾸리게 되면 가정에 배분하는 시간을 늘린다. 은퇴 시기가 다가오면 취미나 친목 시간을 늘려도 좋을 것이다. 이처럼 인생 전체에서 시간 배분을 고려해 생애 시간을 관리해야만 삶의 질이 높아진다.

오로지 일밖에 모를 것 같은 손정의도 인생의 어느 한 시기에는 일찍 귀가하거나 장기간 여름휴가를 가는 등 가정을 위한 일에 많은 시간을 배분했다. 그 대신 소프트뱅크가 사운을 걸고 ADSL사업에 뛰어들었을 때는 말 그대로 잠자는 시간도 아까워하며 이른 아침부터 늦은 밤까지 일했다. 이렇듯 일을 잘하는 사람일수록 자신의 생애 주기에 맞춰 시간 배분을 조정하고, 삶의 전체 균형을 생각하면서 장기적으로 포트폴리오를 관리하고 실천한다.

시간을 투자한 경험은 미래 자산이다

20대 때 나는 '지금은 일에 시간을 투자할 시기'라고 생각했다. 손정의의 다양한 요구들을 해결하느라 밤늦게까지 야근하는 날이 많았지만 지금 여기에서 나를 단련하는 데 시간을 투자한 경험은 반드시 미래의 자산이 되리라는 생각에 죽기 살기로 일했다.

물론 나는 장시간 노동을 장려하지 않으며 의미 없는 야근은 반드시 없애야 한다고 생각한다. 다만, 본인 스스로 자신의 미래에 가치가 있으리라고 판단해 야근을 하더라도 도전하고 싶다는 마음이 있다면 이러한 시간 투자는 분명 의미가 있으리라.

나 또한 당시 엄청난 양의 일을 처리해냄으로써 실제로 '어떻게 하면 업무를 효율화해 가장 짧은 시간에 가장 큰 성과를 낼 것인가?'라는 독자적인 방법론을 확립하기에 이르렀다. 이때의 경험이 자산이 된 덕분에 현재 내가 경영하는 회사에서는 전 사원이 거의 야근을 하지 않고, 나 역시 지금은 가족과 보내는 시간을 소중히 여겨서 매일 정시에 퇴근한다. 20대 때의 투자가 40대가 된 지금 커다란 수익이 되어 돌아온 셈이다.

일에 치여 눈코 뜰 새 없이 바쁜 와중에 영어 학습에 시간을 투자한 시기 또한 20대 때였다. 소프트뱅크에 입사한 후 비서로서 손정의의 해외 출장이나 외국인과의 협상 자리에 동행하게 된 나는 영어 회화 능력을 밑바닥에서부터 전문가 수준으로 끌어올려야만 했다.

그래서 나는 '하루에 3시간, 1년에 1000시간을 영어 학습에 투자하겠다'고 결심하고 평일 주 5일간은 아침 7시 반부터 영어 회화 학원의 아침 수업을 듣고, 왕복 2시간의 출퇴근 시간에는 줄곧 영어 회화를 귀로 들으면서 입으로 따라하는 섀도잉을 했다.

내가 손정의의 지시로 해외 기업 및 제휴처와 협상하는 임무를 맡게 된 것은 이런 노력을 통해 영어 실력을 비즈니스 수준으로까지 끌어올렸기 때문이다. 게다가 나는 이러한 개인적 경험을 바탕으로 영어 학습 지원 프로그램 사업인 토라이즈를 시작하기에 이르렀다. 예전의 나처럼 영어 실력을 단시간에 늘리고자 하는 사람들에게 서비스를 제공하는 것이다. 이 또한 20대 때의 투자가 내게 귀중한 자산이 된 덕분이다.

물론 현재 30대나 40대인 사람도 미래를 위해 투자해야 한다. 이 세대에 속하는 사람이라면 새로운 사업을 시작하고 싶다, 외국계 기업으로 이직해 국제적으로 활약하고 싶다는 등 젊은 사원들보다 구체적인 커리어 비전을 세웠을 것이다. 특히 이 나이대는 대개 관리직으로 가장 바쁘게 일할 시기다. 이러한 까닭에 미래의 목표로부터 역산해 자신에게 투자할 시간을 만들지 않으면 단지 눈앞의 일에만 쫓긴 채 순식간에 정년을 맞이하게 된다. 즉, 어느 세대에 속하든 긴 인생을 내다보고 시간의 투자 배분을 생각하는 일이 중요하다. 게다가 이것은 앞서 소개한 '시간의 ROI' 개념과도 이어진다.

1주일 주기로 관리하라

시간의 포트폴리오는 '1주일'이란 틀 안에서 관리해야 한다. 만일 영어 학습에 1년간 1000시간을 투자하겠다고 정했다면 1년은 약

시간의 ROI(투자에 대한 수익률)를 중시하라!

똑같이 1000시간을 투자해도 수익은 전혀 다르다!

사례① 20대 때 1000시간을 들여서 전문학원에 다니며 고급 비즈니스 영어 실력을 쌓은 다음, 30세에 외국계 기업의 매니저로 이직(연봉 5000만 원→1억 5000만 원으로).

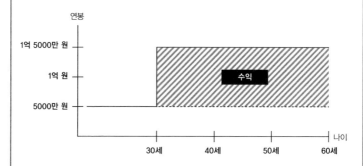

사례② 20대 때 독학으로 토익 중급 수준의 영어 실력을 쌓고, 상사와의 술자리나 접대 골프에 힘을 쏟아(합계 1000시간), 30세에 사내에서 주임으로 승진(연봉 5000만 원→5500만 원).

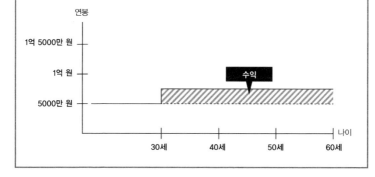

50주이므로 '1주일에 약 20시간씩' 공부하면 된다는 계산이 나온다. 그러면 하루에 3시간씩 공부하면 된다는 1일 배분량도 정해지므로 다음은 이를 일정에 넣고 실행만 하면 된다. 이런 식으로 학습, 취미, 가정 등 목적별로 1주일간의 배분을 확정하지 않으면 자기도 모르는 사이 다른 일에 시간을 사용하게 되므로 일에 치인 나머지 결국 1주일에 1시간도 공부하지 못하는 결과를 낳기 쉽다.

그 밖에도 회식이나 술자리는 수요일 저녁으로 잡는다, 수요일이 아닌 날에는 집에서 가족과 함께 저녁 식사를 한다, 매주 토요일 오전에는 피트니스 센터에 간다는 식으로 1주일 단위의 시간 안에서 업무·학습·취미·가정 등의 배분을 정해야 한다. 이렇게 목적별로 얼마만큼 배분할지를 정하지 않으면 술자리가 거의 매일 이어지는 바람에 결국 1주일에 단 한 번도 가족과 저녁 식사를 하지 못할 수도 있다.

특히 업무 이외의 시간은 이를 위한 나름의 틀을 정해 필요한 만큼의 시간을 확보해둬야 한다. 그렇지 않으면 정신을 차렸을 때 야근과 휴일 근무가 계속 이어지는, 포트폴리오가 '거의 100퍼센트 일'로 채워진 인생이 돼버린다.

참고로 어째서 10일도 2주일도 아닌 '1주일'인가 하면 사람은 최대 '7'까지 관리할 수 있다는 여러 근거들 때문이다. 사람이 단기적으로 기억이 가능한 용량은 7개 전후라는 '마법의 숫자 7의

법칙'과 상사 한 사람이 관리할 수 있는 부하직원은 최대 7명까지라는 '관리의 폭span of control 이론' 등 인지심리학이나 경영학에서인간은 '7' 이상의 숫자를 다루기 힘들다는 사실이 증명됐다. 따라서 시간 관리 역시 1주일을 주기로 되풀이해야만 가장 실천하기쉽다. 이를 뜻하는 '주간화'와 숫자 '7'에 관해서는 PART4에서 더욱 자세히 설명하겠다.

세계에서 가장
바쁜 사람은
시간을 어떻게 쓸까?

'시간'이라는 자원을 그 무엇보다 가장 중요하게 여기는 손정의는 어떻게 일정을 짜고, 어떻게 시간을 관리할까?

손정의가 시간을 사용하는 방법은 일반 기업의 경영인들과는 크게 다르다. 가장 큰 차이는 다음 세 가지다.

1. 우선순위에 따라 예정된 일을 거리낌 없이 변경한다.

2. 지금 전력을 다하면 크게 성장할 수 있는 마일스톤에 집중한다.

3. '발표 경영'으로 절대 바꿀 수 없는 목표를 정한다.

우선순위에 따라
일정을 유연하게 조정하라

손정의의 일정은 실시간으로 정신없이 바뀐다.

"옳지, 좋은 아이디어가 떠올랐다. 의견을 듣고 싶으니 재무 담당자를 불러와!"

"이대로 미팅을 연장할 테니 다음 일정은 전부 취소해!"

이렇듯 계속해서 자신의 일정을 변경한다. 고달픈 쪽은 이 요구에 대응하는 주변 사람들이다. 그중에서도 손정의의 일정을 관리하던 나는 예정된 일정이 취소되고 변경될 때마다 각 방면의 사람들과 새롭게 일정을 조정하느라 숨 가쁘게 뛰어다녀야 했다.

손정의의 일정은 늘 엉망진창이다. 이것이 알려지지 않은 손정의의 일면이다. 물론 손정의가 거리낌 없이 예정된 일을 변경하는데에는 그럴 만한 사정이 있다. 한정된 시간 속에서 우선순위를 명확히 하는 것이 결과적으로 가장 빨리 목표를 달성하는 수단이란 사실을 아는 까닭이다. 즉, 시간을 전략적으로 활용한다.

손정의식으로 말하자면 전략이란 '전투를 생략하는 것'으로 그 본질은 '무엇을 하지 않을까?'이다. 인생 50년 계획에 관한 일화에서도 알 수 있듯이 손정의의 시간 경영에는 '목표'가 필수적이다. 우선 언제까지 무엇을 달성한다는 대략적인 마감 시한을 정하고,

그다음은 커다란 목표를 향해 돌진한다. 단, 착각하지 말아야 할 것은 일직선으로만 나아가지는 않는다는 점이다. 목표로 삼을 산을 정했다면 진행 경로나 수단은 유연하게 바꾸면서 나아간다. 이 것이 손정의의 최대 강점이다.

이 변화무쌍한 시대에 처음부터 한 가지의 정답을 찾아내기란 불가능하다. 이 길이 최단 경로라 생각하고 산을 올라도 도중에 산사태로 길이 막혀버리거나 지도에 없는 지름길을 발견하는 등 예상치 못한 사태가 빈번히 일어난다.

비즈니스 업계에서는 이 같은 변화의 속도가 더욱더 빠르다. 즉, '무엇을 선택해야 하는가?'라는 우선순위가 시시각각 달라진 다. 손정의 같은 천재 경영인조차 미래를 정확하게 내다보기 어려우므로 일단 무엇을 할지 정한 뒤에라도 우선순위를 바꾸는 데 아무런 주저함이 없다. 그리고 무엇을 줄일지를 생각한다. 이것이 손정의식 시간 관리와 기존의 일반 기업 경영인들이 해오던 시간 관리의 가장 큰 차이다.

마일스톤에 집중하라

손정의는 하루하루의 일정을 계속해서 바꾼다. 그러나 단순히 변

38

덕이 심해서 이렇게 행동하는 것은 아니다. 커다란 목표를 달성하기까지는 그곳에 도달하는 일련의 과정 중에 이 부분을 잘 넘기면 크게 날아올라 가장 빨리 목표에 다가갈 수 있다는 '마일스톤 milestone(이정표)'이 반드시 있다. 손정의는 의식적으로 이 마일스톤에 집중했다.

예를 들면, ADSL사업인 야후BB를 소프트뱅크의 기둥이 될 일대 사업으로 키워내는 과정에서도 사업 국면에 따라 집중할 포인트를 변경했다. 사업을 기획하는 단계에서는 네트워크 형성이 무엇보다 중요하다. ADSL사업에 새롭게 뛰어들려면 NTT로부터 광섬유 회선이나 전화국사와 같은 설비를 빌려야만 한다. 이러한 까닭에 사업 초기 손정의는 'NTT와의 협상'에 집중했다.

그리고 네트워크가 형성되리라 전망되자 이번에는 집중할 대상을 고객 유치를 위한 '영업 활동'으로 전환했다. 대부분의 시간을 영업부와 회의하는 데 사용했고, 판촉 캠페인을 단숨에 일본 전역으로 확장해 가입자 늘리기에 온 힘을 쏟았다.

다음으로는 서비스를 시작한 지 얼마 되지 않아 가입자 수 100만 명을 돌파하자 즉시 마일스톤을 '품질 관리' 쪽으로 전환했다. 가입 희망자 수가 예상을 웃돌아 사내와 현장의 대응이 뒤따라가지 못하면서 소프트뱅크의 콜 센터에 문의와 불만 전화가 빗발쳤기 때문이다. 그리하여 신청 과정을 철저히 관리하고 콜 센터의 고객 만족도를 높이는 작업에 집중하는 등 야후BB 서비스는 가격이 저렴할 뿐 아니라 품질도 좋다는 일반 이용자의 평가를 끌어내는 일에 전념했다. 이렇듯 약 반년을 주기로 집중할 마일스톤을 연이어 짚어낸 결과 야후BB 사업은 눈부시게 성장했고, 불과 4년이 조금 넘는 기간에 가입자 수 500만 명을 돌파했다.

아마 비슷한 상황에서 일반 기업의 경영인이라면 외부와의 협상, 영업 전략, 품질 관리 모두 중요하게 여겨 한쪽에 치우치지 않고 골고루 대처할 것이다. 그러나 손정의는 '이 부분이 마일스톤이다!'라고 판단되면 주저하지 않고 그곳에만 시간을 할애한다. 시간의 ROI를 최대화하기 위해 한 곳에 집중적으로 투자하는 것이다. 이 점 역시 시간을 사용하는 방법에 있어서 손정의와 다른 경영인들의 차이다.

목표를 정하면 발표하라

흔히 소프트뱅크의 경영 방식을 '발표 경영'이라고 한다. 손정의가 신규 사업을 시작하거나 회사를 설립할 때마다 매스컴을 통해 대대적으로 발표함으로써 늘 세간의 시선을 끈 까닭이다. 그러나 발표 경영의 진짜 목적은 단순히 화제를 만드는 데 있지 않다.

손정의의
시간 관리법

"9월 1일에 합작회사를 설립합니다."

"6월 20일부터 야후BB의 예약 접수를 시작합니다."

이렇듯 대외적으로 마감 시한을 밝힘으로써 목표 날짜를 미루기 어려운 상황을 만드는 데 있다. 최고경영인이 공언한 이상 회사로서는 절대 일정을 늦출 수 없다. 그러면 조직이 하나가 되어 마감 시한으로부터 역산해 단계를 설정할 수 있으므로 일이 단번에 진행된다. 이것이 발표 경영의 시간적 효과다.

마감 시한을 간단히 변경할 수 있으면 반드시 어딘가에서 최악의 경우 신규 사업 발표일을 늦추면 된다는 의식의 태만이 생긴다. 이래서는 목표에 도달하기까지 걸리는 시간이 자꾸만 늘어날 뿐이다.

움직일 수 없는 마감 시한을 설정하고, 중간 지점에서 짚어내야 할 마일스톤에 집중하는 동시에 하루하루의 일정은 유연하게 바꾸면서 최단 기간에 초고속으로 목표를 달성하는 것. 이것이 바로 손정의의 시간 관리 비법이다.

일이란
10초의 판단이
축적된 것이다

　　　　　손정의는 인생 50년 계획으로부터 역
산해 자신의 임무를 착착 실행하는 중이라고 이야기했다. 그렇다
면 손정의는 구체적으로 어떻게 장기 목표를 단기 일정에 반영하
는 걸까? 가장 가까이에서 그를 지켜보며 터득한 '시간 관리법'의
기본적인 핵심 요소들을 추려보면 다음과 같다.

1. 이슈 리스트를 만들어 큰 목표를 세분화하라.

2. 이슈는 '행동 목표', 태스크는 '수행 과제'를 말한다.

3. 미팅 일정 짜기는 시간 관리 그 자체다.

4. 10초 이상 생각하지 말라.

5. 우선순위는 계속 바꿔도 된다.
6. 정례회의의 중요성을 인식하라.

계획과 실행의 연결고리, 이슈 리스트

차로 이동할 때마다 손정의가 차 안에서 항상 보는 것이 있다. 바로 손수 작성한 작은 목록이다. 당시 손정의는 비서가 아웃룩으로 관리하는 메일의 일정을 A4 크기의 종이에 출력해서 손에 들고 다녔다.

아침에 출근할 때 나는 손정의가 출근하는 차에 동승하는 날이 많았다. 그러던 어느날 손정의가 들고 다니는 종이의 여백에 자필 글씨로 무언가 쓰여 있다는 사실을 알아차렸다. 슬쩍 관찰해보니 그것은 해결해야 할 과제를 적은 목록처럼 보였다. '인수 자금은 어떻게 조달할까?' '다음 주주총회에서 발표할 신규 사업 준비' '새로운 재무 담당 임원 필요'와 같은 내용이었다. 이름을 붙이자면 '이슈 리스트(과제 목록)'라고나 할까.

손정의는 차 안에서 이 목록을 보며 회사에 있는 비서에게 전화를 걸었다. 그리고는 "4월 10일까지 A사의 ○○를 만나고 싶으니 일정을 조정하라" "이번 주 중에 B사의 OO와 미팅 일정을 잡아라"라는 식으로 계속해서 지시를 내렸다. 이리하여 순식간에 장기 일정을 구체화시켜 일정에 반영해나갔다.

앞서 손정의가 연초에 1년 계획을 세운다고 이야기했다. 단, 이 시점에서는 해야 할 일이 어디까지나 '계획'일 뿐 구체적인 '태스크task'는 아니다. 이슈 리스트는 이 계획과 태스크를 연결하는 접착제 같은 역할을 하는 셈이다.

구체적으로 일정에 추가해야 행동으로 옮겨진다

'이슈'와 '태스크'의 차이를 잘 모르는 사람이 있을지도 모른다. 알기 쉽게 설명하자면 이슈는 '행동 목표'이고 태스크는 그러한 행동 목표를 달성하기 위한 '수행 과제'를 가리킨다. 손정의의 경우 그 해의 계획이 정해져 있으므로 이미 지향점은 명확하다.

"시가 총액 3000억 엔 이상인 미국의 IT기업과 합작회사를 만든다."

이것이 '계획'이자 '최종 목표'다. 이슈 리스트는 '이 계획을 달성하기 위해 무엇을 해야만 하는가'라는 행동 목표를 적은 것이다.

따라서 회사 설립을 위한 자금을 조달한다, 합작회사의 운영을 맡길 인재를 찾는다 등의 내용이 이슈 리스트에 들어간다. 게다가 일을 추진하려면 '몇 월 며칠 몇 시에 어디에서 누구와 무엇을 할 것인가'와 같은 구체적 '수행 과제'를 명확히 설정해야 한다.

가령 5월 12일 오전 10시에 투자은행의 담당자를 만난다, 5월 20일 오후 3시에 헤드헌터를 만난다와 같이 '태스크'로서 일정에 추가해야만 사람은 비로소 행동으로 옮긴다.

누구나 연초에 한 해의 계획을 세웠던 경험이 있을 것이다. '올해야말로 영어 회화 실력을 키우겠다' '그동안 하고 싶었던 신규 사업의 계획안을 제출하겠다' 등의 의욕 넘치는 목표를 세워본 적이 있지 않은가. 그러나 실제로는 대부분 그 계획을 실천하지 못한 채 1년을 끝마칠 것이다. 원인은 연간 '계획'을 하루의 '태스크'에 반영하지 않은 데 있다. 태스크로 만들지 않으면 행동할 수 없다. 행동하지 못하면 당연히 아무것도 성취하지 못한다.

물론 계획이라는 커다란 틀을 갑자기 구체적인 태스크로 나누기란 매우 어렵다. 이런 까닭에 손정의처럼 일단 이슈 리스트를 만들어 커다란 목표를 세분화하는 과정이 필요하다. 손정의의 시간 관리는 이슈 리스트에서 시작된다고 말해도 좋을 만큼 이슈 리스트는 그에게 매우 중요한 아이템이다.

이슈는 행동 목표, 태스크는 수행 과제

이슈: 미확정 과제→이슈 리스트로(실현하기 위해 태스크를 작성한다)

태스크: 실행하기로 결정된 과제→수첩으로(반드시 실행한다)

개인적 이슈와 태스크의 예 ①

연간 목표	영어 실력을 무기로 외국계 기업에서 활약하여 연봉을 높인다
이슈	1주일에 20시간씩 학습해 영어 실력을 비즈니스 수준으로 높인다
태스크①	매일 아침 7시부터 30분간 온라인 수업을 수강한다
태스크②	잠자기 전 30분은 말하기 연습을 한다

개인적 이슈와 태스크의 예 ②

연간 목표	회사에서 가깝고 더 넓은 집에 산다
이슈	3월 말까지 새집으로 이사해 새로운 생활을 시작한다
태스크①	2월 연휴에 이사 갈 집의 후보 매물들을 견학한다
태스크②	3월 15일부터 이삿짐을 싼다

손정의의 예

연간 목표	브로드밴드 통신시장에서 일본 국내 점유율 1위를 달성한다
이슈	ADSL 가입자 수 100만 명을 달성한다
태스크①	일본 전역에 있는 1000개의 전화국사에 접수 체제를 마련한다→6월 말까지
태스크②	콜 센터 인원을 3000명 규모로 늘린다→6월 15일까지

미팅 일정 짜기는
시간 관리 그 자체다

손정의에게 '태스크'란 곧 '미팅하기'였다. 그가 홀로 사장실에 있는 경우는 거의 없었다. 그의 일정은 항상 누군가와 만나는 등의 커뮤니케이션을 위한 시간으로 채워져 있었다. 하루에 10건에서 20건에 달하는 미팅을 소화하는 날도 많았다. 이런 면에서 손정의에게 시간 관리란 '미팅 일정 짜기'와도 같다.

앞서 이야기했듯이 이슈 리스트를 보고 이 과제를 해결하기 위해 어떤 사람을 만나는 것이 좋을지 곧바로 판단이 서면 손정의는 즉시 비서에게 미팅을 소집하게 한다.

참고로 미국에 있는 임원에게 반드시 확인하고 싶은 사항이 있으면 시차도 요일도 아랑곳하지 않고 내게 전화를 걸라고 지시했다. 나 역시 사태를 파악하고 있으므로 상대방이 불평해도 그저 "사장님과 연결하겠습니다"라고 말하고는 곧바로 전화를 바꿔줬다. 호랑이의 위세를 빌리는 것이라기 보다 이 또한 일과 시간을 줄이는 방법 중 하나였다.

아직 이슈 그 자체가 명확하지 않아서 손정의 자신도 무엇이 문제인지 확실히 파악하지 못했을 때는 나를 비롯한 사장실의 멤버나 경영 전략 담당자가 불려간다. 그리고 일명 '벽 치기'라 불리는 논의가 시작된다. 손정의가 "나는 이렇게 생각하는데…" "이런 방법은 어떨까?"와 같은 말을 툭툭 던지므로 우리는 일단 머릿속에 떠오른 생각을 계속해서 이야기한다. 손정의가 보낸 공을 받아치는 일이 우리가 하는 '벽'의 임무인 것이다.

이렇듯 다른 사람과 이야기하는 사이에 지금까지와는 다른 각도에서 현상을 보게 되기도 하고, 자연스럽게 아이디어가 확장되기도 한다. 손정의는 우리가 받아친 말이 대수롭지 않더라도 자신이 아닌 다른 사람의 의견이나 정보를 접함으로써 사고가 확장되고 새로운 깨달음까지 얻을 수 있다는 사실을 잘 알고 있었다. 대화를 주고받는 사이에 손정의의 머릿속에서 문제는 더욱 명확해지고 이 문제를 해결하려면 누구와 이야기해야 하는지가 떠오르는 것이다. 그런 순간이 찾아올 때면 그는 이렇게 말했다.

"옳지, 경리 담당자를 호출해!"

"재무 담당자를 데려와!"

이리하여 회사 곳곳에서 소집된 멤버들과 함께 미팅을 시작한다. 이는 소프트뱅크에서 매우 흔한 광경이었다.

사내 미팅만으로는 해결되지 않는다고 판단되면 이번에는 외부 전문가와 미팅 일정을 잡는다. 자금 조달에 관해서라면 투자은행, 홍보 일정에 관해서라면 광고대행사의 담당자를 호출한다. 최신 기술을 알고 싶을 때는 대학교수나 연구원 같은 전문가를 초빙하기도 한다. 이런 식으로 필요한 정보를 지닌 사람과 미팅을 거듭하는 것이다.

미팅 때 나온 의견을 화이트보드에 적어나가면 각 전문가의 식견에 의해 부족했던 부분이 점차 채워진다. 최종적으로는 그 자체로 자료가 되어 외부에 발표할 수 있을 만큼 완성도 높은 사업 계획서 또는 기획서가 만들어지는 경우도 많았다.

혼자서 생각할 때보다 타인의 지혜를 빌릴 때 최단 기간에 최선의 답을 도출해낼 수 있다. 따라서 미팅이야말로 업무를 진행하는 가장 효율적이고 생산성 높은 방법이다.

혼자 고민하는 시간은 낭비다

"10초 이상 생각하지 마라!"

손정의는 늘 입버릇처럼 이렇게 말했다. 10초간 생각해도 모르겠다면 그 이상 혼자 생각한들 답은 나오지 않으니 다른 사람과 논의하거나 다른 사람의 의견을 들어야 한다는 의미였다. 혼자 고민하는 시간만큼 쓸데없는 것도 없다. 머리를 쥐어짠들 훌륭한 아이디어가 떠오르지도, 어려운 결단을 내리게 되지도 않는다. 그러니 모르는 내용이 있을 때는 재빨리 다른 사람의 지혜나 정보를 빌려라. 이것이 바로 손정의의 신조다.

손정의에게 일이란 '10초 이내의 판단이 축적된 것'이다. 그리고 미팅은 '판단 재료를 한데 모아 의사를 결정하는 자리'다. 이런 까닭에 소프트뱅크의 회의에서는 "검토 중입니다"라는 말을 절대로 해서는 안 된다. 이렇게 말하는 사람은 두 번 다시 회의에 참석할 수 없다. 손정의가 그 자리에서 10초 이내에 판단하기 위해 회의를 하는데, 그 안건은 회의가 끝난 후에 검토하겠다는 식으로 말하면 의사결정이 다음 회의 때로 미뤄지게 되기 때문이다. 시간을 무엇보다 중요하게 여기는 손정의에게는 가장 용납하기 힘든 상황이다.

'혼자 10초 이상 생각하지 않는다. 그리고 다른 사람에게도 10초 이상 생각할 틈을 주지 않는다.' 이것이 손정의의 시간 관리 원칙이다.

우선순위는 계속 바꿔도 된다

시간을 효율적으로 사용하려면 우선순위가 높은 태스크부터 일정에 넣는 것이 기본이다. 그런데 앞서 설명했듯이 손정의는 우선순위를 계속해서 바꾼다. 또한 조금이라도 우선도가 낮다고 판단되면 그 태스크는 나중으로 미룬다. 미팅을 하는 사이에 이 의제의 우선도가 생각보다 높다고 판단되면 미팅 시간 역시 계속해서 연장된다. 결국 나중 일정은 모두 취소하라는 명령이 떨어지기도 한다.

물론 일정이 취소되면 미팅 상대에게 진심으로 사죄하는 일 또한 비서인 나의 임무다. 그렇다고 해도 손정의의 우선순위 매기기는 경영인으로서 적절한 행위였다. 계획을 바꾸면 때로는 주위에 민폐를 끼치게 된다. 그러나 손정의는 최종 목표와 이슈를 항상 명확히 의식하는 까닭에 '목표를 달성하려면 지금, 이 순간, 무엇을 해야 하는가'를 실시간으로 취사선택할 수 있었으리라.

비즈니스 세계에서는 다양한 상황이 시시각각으로 변한다. 계획을 짜서 시도해봤지만 예상했던 결과가 나오지 않는 사례도 허다하다. 그렇다면 '지금, 이 순간, 무엇을 해야 하는가'란 우선순위가 계속 바뀌는 것은 당연하다. 소프트뱅크가 창업한 지 40년이 채 되지 않는 짧은 기간에 연 매출 8조 엔 이상의 거대 기업으로 성장할 수 있었던 까닭은 항상 시대의 변화를 먼저 감지하고 비즈니스에서 남보다 앞서 나간 덕분이다.

물론 평범한 사업가나 회사원이 손정의처럼 당일에 약속을 취소하기란 쉽지 않다. 하지만 일의 우선순위를 항상 재검토하고 '지금 정말로 해야 할 일은 무엇인가'를 의식하는 자세만큼은 누구나 본받아야 할 것이다.

정례회의를 활용해
빠르게 의사결정하라

지금은 생각하기 힘든 일이지만 야후BB를 설립할 무렵에는 연일 밤 10시부터 새벽 2시까지 회의를 했다. 이토록 시간과 에너지를 쏟으며 열정을 다해 일한 때도 있었는데 이 같은 회의 방식 또한 점차 효율화됐다.

손정의의 우선순위에 따라 갑작스럽게 미팅이나 사전회의가 열리는 일도 많았지만 소프트뱅크에서는 매주 시행하는 '정례회의' 역시 중요하게 여겼다.

- **A프로젝트의 정례회의는 매주 월요일 오후 5시부터.**
- **B프로젝트의 정례회의는 매주 화요일 오전 10시부터.**

이렇듯 매주 정해진 날짜와 시간에 회의를 설정하고 매회 출석하는 멤버도 고정했다.

정례회의를 중시하는 이유는 회의의 조정 비용을 낮추기 위해서다. 미팅을 통해 의사를 결정하려면 '정보'와 '권한'이 있어야 한다. 모처럼 회의를 열었는데 그 안건은 영업부의 고객 데이터가 없으면 판단하기 어렵다거나 컴플라이언스부의 허가 없이는 추진하기 힘들다는 말이 나온다면 회의 시간은 통째로 불필요한 시간이 돼버린다. 따라서 회의에 누구를 부를 것인지는 상당히 중요한 문제다.

상황이 이렇다고는 하나 의사결정에 필요한 멤버를 미팅 때마다 확인하고 일정을 조정하는 작업은 수고로울뿐더러 시간도 많이 든다. 하지만 '안건 A에 관한 정보와 권한이 있는 사람은 매주 월요일 오후 5시의 정례회의에 참석하라'고 정해버리면 회의를 조정하는 비용이 단번에 절감된다. 뿐만 아니라 미리 매주 정해진 날짜와 시간에 회의가 열린다는 사실을 모두 알고 있으므로 그 시간에 고객과 약속을 잡아서 도저히 회의에 참석할 수 없다는 등의 이유로 결원이 발생하는 현상까지 막을 수 있다. 게다가 매주 회의를 열면 개인 업무 시간도 관리하기 편하다.

앞서 이야기했듯이 시간 배분이나 일정은 '1주일 단위'로 관리해야 가장 합리적이다. 매주 열리는 회의에서 다음 회의 때까지 누가, 무엇을 실행할지를 정하면 각 담당자가 자신의 일정에 태스크를 쉽게 반영할 수 있는 까닭이다.

회의가 2주나 3주마다 열리면 다음 회의 때까지 시간이 있으니 나중에 해도 된다고 생각해 처리해야 할 태스크를 나중으로 미루기 십상이다. 나중으로 미루는 사이에 그만 그 안건을 잊어버려 결국 다음 회의 때까지도 할 일을 끝마치지 못하는 생각하고 싶지 않은 사태가 벌어질지도 모른다. 즉, 조직의 의사결정과 개인 업무를 신속하게 처리하기 위해서라도 매주 반드시 정례회의를 열어야 한다.

시간 관리 도구를
효과적으로
사용하라

손정의는 분명 전 세계에서 손꼽히는 바쁜 경영인이다. 유럽, 미국을 비롯해 아랍 여러 나라에 이르기까지 세계 각국을 바쁘게 돌아다니는가 하면 어떤 날은 이른 아침부터 늦은 밤까지 회의실에 틀어박혀 연이어 10건이 넘는 미팅을 소화하기도 한다.

손정의의 비서로서 그의 시간을 1초도 낭비하지 않게 일정을 짜는 임무를 맡은 나는 스마트폰이나 컴퓨터, 수첩 등과 같은 시간 관리 도구를 사용함에 있어서도 시행착오를 거듭했다. 이때의 경험을 토대로 나는 몇 가지 확신이 생겼고 시간 관리 도구를 보다 효과적으로 사용하는 노하우를 쌓을 수 있었다.

스마트폰은
보조 도구일 뿐이다

"스마트폰으로 절대 일정이나 시간을 관리하지 말라."

스마트폰을 보조 수단으로 사용하는 것은 괜찮지만 주요 수단으로 사용해서는 안 된다. 1주일간의 포트폴리오가 한눈에 들어오지 않기 때문이다.

앞서 '어떤 일에 얼마만큼의 시간을 사용할 것인가?' 즉, 시간의 포트폴리오는 1주일이란 틀 안에서 관리해야 한다고 설명했다. 그렇다면 일정 관리 수첩 또한 1주일 단위의 시간 배분이 쉽게 파악되는 제품을 사용해야 한다.

스마트폰으로 이용할 수 있는 달력이나 일정 관리용 애플리케이션이 많다. 하지만 스마트폰은 화면 크기가 작아서 1주일 일정 전체를 한눈에 파악하기 힘들다. 달이 바뀔 때마다 달력을 열거나 하루의 일정을 확인할 수는 있어도 한 화면에서 1주일 분의 상세 일정을 볼 수는 없다. 이 점이 바로 스마트폰의 치명적인 단점이고 스마트폰이 시간 관리의 주요 수단이 될 수 없는 이유다.

수첩이나 컴퓨터로
1주일을 한눈에 파악하라

따라서 일정은 종이 수첩이나 컴퓨터로 관리하기를 권장한다. 종이 수첩이나 컴퓨터는 종이 또는 모니터 화면으로 1주일간의 시간 배분을 한눈에 파악할 수 있는 까닭이다.

종이 수첩이라면 '주간 계획표 양식'이 가장 좋다. 주간 계획표 양식의 수첩은 펼쳤을 때 두 페이지의 가로축에는 1주일 분의 날짜가, 세로축에는 하루의 시간축이 인쇄되어 있다. 세로축을 따라 시간별로 일정을 적어나가기만 해도 자신이 어떤 일에 얼마만큼의 시간을 사용할지 시각적으로 나타낼 수 있다. 게다가 딱 펼치기만 해도 그 주의 포트폴리오가 한눈에 파악된다.

'이번 주에는 술자리가 세 번이나 있구나.'

'이번 주 안에 급히 처리해야 할 업무가 생겼으니 목요일에는 야근을 하겠구나.'

이처럼 1주일의 일정 전체를 예상해서 시간 배분을 의식하게 되므로 술자리 하나는 거절하자, A와의 미팅을 앞당기면 정시에 끝날 듯하니 일정을 다시 조정해봐야겠다 등의 개선안을 사전에 마련할 수 있다.

컴퓨터로 관리하는 경우에도 주간 계획표 양식 수첩처럼 화면에서 '하루의 일정×7일간'이란 레이아웃이 한눈에 들어오는 도구나 서비스를 이용하는 것이 좋다. 나는 주로 마이크로소프트의 클라우드 서비스 '오피스 365'를 사용한다. 계획표 양식을 클릭 한 번으로 1일 단위, 1주일 단위, 1개월 단위로 전환할 수 있어서 편리하다. 또는 구글 캘린더나 아웃룩을 사용해도 좋다. 업무, 취미, 학습, 가정 등 시간을 사용하는 목적별로 색을 달리하면 훨씬 일람성이 높아져 화면을 열기만 해도 자신이 시간을 어떻게 사용하는지 직감적으로 파악할 수 있다.

시간 관리에서 중요한 점은 1주일의 일정을 내다보며 1주일이란 틀 안에서 시간 배분을 조정하는 것이다. 오늘과 내일의 일정밖에 보이지 않으면 코앞에 닥친 일이나 잡다한 업무를 오로지 순서대로 처리하는 일에만 급급해진다.

'정신을 차려보니 야근만 하다가 한 주가 끝나버렸다.'

이런 비생산적인 상황에 빠지지 않기 위해서라도 1주일 단위로 시간의 포트폴리오를 관리할 수 있는 효율적인 도구를 선별하여 사용해야 한다.

일정 관리 애플리케이션으로 공유하라

내가 '오피스 365'를 시간 관리의 주 도구로 사용하는 이유는 사내에서 일정을 공유하기 위해서다. 계획표의 공유 기능을 사용하면 나와 다른 직원이 서로의 일정을 실시간으로 파악할 수 있다.

"A는 화요일 오후 3시부터 1시간이 빈다. 그러니 A에게 프레젠테이션 자료 만드는 작업을 도와달라고 부탁하자."

이처럼 팀 전체에서 한가한 사람의 시간을 낭비 없이 사용할 수 있다.

또 회의 의뢰 기능이 있어서 회의를 조정하기도 쉽다. 출석해주었으면 하는 멤버를 선택해 메시지를 보내고 상대방이 '수락'과 '거절' 버튼 중 어느 하나를 클릭하기만 하면 된다. 게다가 회의실 예약 기능까지 있어서 회의실을 잡기도 수월하다.

오피스 365는 스마트폰으로 열람 및 조작이 가능하다는 점 또한 장점이다. 나도 회사 밖에서 회의 의뢰 메시지에 답장하는 때가 많다. 하지만 스마트폰은 어디까지나 보조 수단으로 사용해야 한다. 회사가 아닌 곳에서 일정을 공유하거나 변경할 때 임시적인 조정 도구로만 사용하고 주 도구인 컴퓨터로 시간의 포트폴리오를 관리하는 것이 나의 철칙이다. 최근에는 일반 회사에서도 구글 캘린더 등으로 사내 일정을 공유하는 곳이 많은 듯하다.

현재 일본 기업들 사이에서는 '일하는 방식 개혁'이 중요한 경영 과제로 떠오르고 있는데 이는 조직이나 팀 전체에서 일을 효율화한다는 뜻이다. 이런 의미에서도 동료와 일정을 공유할 수 있는 도구를 사용하는 것은 시대의 흐름과 일치한다.

아날로그의 장점을 최대한 활용하라

앞서 일정 관리는 종이 수첩이나 컴퓨터로 하는 편이 좋다고 이야기했다. 그렇지만 결국에는 '수첩과 컴퓨터 중에 어느 쪽을 선택해야 하는가?'란 문제가 남는다. 회사에서는 일정을 공유하기 위해 구글 캘린더나 아웃룩을 사용하지만 한편으로는 종이 수첩도 동시에 가지고 다니는 사람이 많지 않을까 싶다. 하지만 별다른 생각 없이 함께 사용하다 보면 컴퓨터에 입력한 일정을 깜빡하고 수첩에 옮겨 적지 않는 실수를 범하기 쉽다.

그럼 어떻게 사용해야 바람직한 방법일까? 결론부터 말하자면 둘 다 사용하는 사람은 종이 수첩을 '주 도구'로 써야 한다. 그리고 컴퓨터는 '주 도구를 복사한 보조 도구'로 인식하는 것이 좋다. 수첩을 휴대하는 사람은 회사 밖에서 일정 관리를 할 때 수첩을 사용하는 까닭이다. 이런 사람은 일정을 확인할 때 수첩을 펼치고, 전화나 메일로 일정이 추가 또는 변경됐다는 연락을 받았을 때도 분명 수첩을 꺼내 적으리라. 따라서 언제 어디서나 실시간 정보를 갱신할 수 있는 수첩을 주 도구로 쓰는 것이 가장 바람직하다.

구글 캘린더나 아웃룩은 회사 안에서 일정을 공유하기 위한 다리 역할로 사용하면 좋을 것이다.

수첩에
이슈 리스트를 적어라

디지털 기술이 발달한 시대이므로 무엇이든 IT화하는 편이 편리하다고 생각할지 모른다. 그러나 '정보의 일람성'이란 측면에서는 아날로그 종이 수첩이 한 수 위다.

수첩은 특정한 주의 계획을 한눈에 볼 수 있을 뿐 아니라 한 장 한 장 넘겨보기만 해도 몇 주 또는 몇 개월 후의 계획까지 대략 파악할 수 있다. 이 점은 손정의처럼 시간을 효율적으로 관리하는 데 있어서 커다란 이점이다. 어느 정도의 미래까지 한눈에 볼 수 있으면 눈앞에 있는 이슈 리스트와 수첩을 대조하며 태스크에 반영할 수 있기 때문이다.

'5월에는 해외 출장이 잡혀 있으니 4월 중에 제휴처 리스트를 만들어둬야겠다. 이날로부터 역산하면 다음 주 중에는 경영기획 부문과 첫 미팅을 하는 편이 좋겠다.'

이처럼 미래 계획으로부터 역산해 일정을 세분화할 수 있으므로 대략적인 일정이 단번에 파악된다. 즉, 이슈 리스트와 종이 수첩은 찰떡궁합이다.

지금 돌이켜보면 손정의는 아웃룩의 일정을 종이에 출력하여 수첩 대신 가지고 다닌 것이 아니었을까 싶다. 게다가 손정의는 이슈 리스트 또한 손수 종이에 적는다. 이처럼 IT 전문가인 손정의조차 아날로그의 이점을 이해하고 최대한 활용했다.

이슈 리스트와 종이 수첩은 효율적으로 시간을 관리하는 데 있어 최강의 조합이라는 사실을 기억하자.

이슈 리스트를 항상 휴대하라

이슈 리스트는 서식이나 형식에 얽매일 필요가 없다. 이슈 리스트를 작성하는 가장 큰 이유는 아직 명확하지 않은 문제의식을 머릿속에서 꺼내 시각화하는 데 있으므로 간단히 요약하거나 흘겨 쓰는 정도여도 괜찮다. 이렇게 말하면 손정의가 화를 낼지도 모르지만 참고로 그는 상당히 작고 귀여운 글씨체로 이슈 리스트를 작성했다.

나 역시 지금은 손정의를 모방해 이슈 리스트를 작성하지만 손수 쓰지는 않고 워드프로세서로 입력한다. 스마트폰의 메모 기능을 사용해도 좋다. 형식은 무엇이든 상관없다는 뜻이다.

이슈 리스트의 형식보다는 그것을 항상 휴대해야 한다는 사실이 더 중요하다. 그리고 시간이 있을 때마다 다시 한 번 읽어보고, 가능한 일부터 적극적으로 태스크에 반영하는 자세가 필요하다. 이런 습관을 들임으로써 과제를 과제인 채로 방치하지 않고 해결을 위한 행동으로 재빠르게 옮길 수 있다.

손정의도 자주 이슈 리스트를 체크했다. 특히 차로 이동하는 도중에는 반드시 이슈 리스트를 펼쳐보는 습관이 있었다. 그리고 천천히 휴대전화를 꺼내 비서에게 회의 준비를 지시하는 등 일정을 연이어 채워나갔다. 많은 사람이 계획을 미처 실행하지 못하고 끝마치는 상황 속에서도 손정의가 자신이 정한 높은 목표들을 차례차례 달성해낸 이유는 이슈 리스트가 항상 그의 눈앞에 있었던 덕분이라고 해도 지나치지 않다.

다른 사람의
시간을
활용하라

　　　　　　시간은 누구에게나 동등하게 하루 24 시간으로 아무리 대단한 손정의라도 다른 곳에서 조달할 수 없다고 이야기했다. 하지만 실질적으로 손정의는 다음 다섯 가지 방법을 통해 시간을 산다.

1. **M&A(인수합병)를 한다.**

2. **성공 사례를 공유한다.**

3. **재작업하지 않는다.**

4. **고속 PDCA로 목표에 빨리 도달한다.**

5. **온갖 수단을 한꺼번에 시험해 최선의 방법을 찾아낸다.**

시간을 사는 것은
다른 사람의 힘을 빌리는 것이다

소프트뱅크는 다양한 회사들을 인수하면서 급성장했다. 닛폰텔레콤과 보다폰 일본 법인을 차례차례 인수했고, 미국의 통신업체 스프린트를 인수했으며, 마침내는 반도체 설계 대기업 ARM까지 인수했다. 전 세계 스마트폰의 97퍼센트가 ARM의 칩을 탑재할 정도로 반도체 설계 분야에서 압도적 점유율을 자랑하는 기업과 합병에 성공한 것이다.

어째서 M&A(인수합병)가 시간을 사는 행위와 같을까? 그 이유는 인수처 회사가 비즈니스에서 성공하기까지 들인 시간을 손에 넣을 수 있기 때문이다. 소프트뱅크는 닛폰텔레콤을 인수함으로써 500만 명의 고정전화 사용자와 통신업계의 인재 및 경영 노하우를 얻었다. 게다가 고정전화 회사가 가지고 있는 안심감과 신뢰성과 같은 브랜드 이미지까지 손에 넣었다.

이뿐만 아니라 보다폰 일본 법인을 인수해 휴대전화 사업에도 뛰어들었다. 밑바닥에서부터 자신의 힘으로만 이를 만들어내고자 했다면 규제가 많은 일본에서는 몇 년, 혹은 몇 십 년이 걸릴지도 모를 일이었다. 그러나 이미 통신사업에서 성공한 회사를 인수하면 신규로 참여하는 데 드는 시간이 단숨에 줄어든다. 그 회사의 노하우나 인재 등의 자원까지 한꺼번에 손에 들어오므로 신규 사업을 궤도에 올리기까지 손실되는 시간도 없다. 즉, M&A는 한 회사가 비즈니스에서 성공을 거두기까지 들인 시간을 사는 행위와 마찬가지다. 소프트뱅크가 창업한 지 35년이 채 되지 않는 기간에 창업한 지 80년이 넘는 도요타자동차와 맞먹는 영업 수익을 올릴 만큼 성장할 수 있었던 커다란 요인은 바로 여기에 있다.

'시간을 늘릴 수는 없다. 단, 다른 사람의 힘을 빌리면 창조해낼 수는 있다.' 손정의는 이렇게 생각했다.

그는 시간의 중요성을 누구보다 강하게 인식하고 있기에 시간을 창조해내는 가장 효율적인 방법으로써 적극적으로 M&A를 실행해온 것이다.

성공 사례를 공유해
다른 사람의 시간을 활용하라

'손정의라면 M&A로 시간을 살 수 있겠지만 보통 사람은 도저히 따라 하기 힘들다.'

혹시 이렇게 생각하지는 않는가? 그러나 돈을 들이지 않고도 다른 사람의 시간을 사는 방법이 있다. 바로 성공 사례를 공유하는 것이다.

어느 회사든 월등하게 영업 실적이 좋은 부서나 큰 폭으로 비용을 삭감한 공장 등 무언가 성공 사례가 하나쯤은 있을 것이다. 그 사례를 사내에서 공유하고 성공하는 데 필요한 지혜나 비결을 수평적으로 전달해나가면 다른 부서와 사원의 생산성 또한 향상된다. 즉, 각 개인이 밑바닥에서부터 시행착오를 거듭하며 성공하기 위한 방식을 찾아내지 않아도 단숨에 커다란 목표를 달성할 수 있는 것이다.

소프트뱅크는 창업 초기부터 모범 사례를 사내에서 공유하는 시스템을 채택했다. 소프트웨어 유통사업에 착수했을 무렵부터 사내의 실적 관리를 조직 단위로 세분화해 하루하루의 결과를 그래프로 나타내게 한 것이다. 일명 '천 번 노크knock'라 불리는 시스템이다.

결과를 보면서 손정의가 임원들에게 끊임없이 질문을 던지므로 계속해서 공이 날아오는 야구의 노크(야구에서 수비 연습을 하기 위해 공을 치는 일)에 비유해 이렇게 불렀다. 이 시스템을 활용하면 팀별 고객 유치율이나 유치 비용 등이 명확해지므로 누가 어느 정도의 성과를 내는지가 한눈에 들어온다. 그러면 손정의가 다음과 같은 지령을 내린다.

"저 팀의 방식이 성과를 내고 있으니 모두 모방하도록!"

이리하여 즉시 성공 사례가 회사 전체에 공유된다. 이렇게 공유하면 여태까지 자기만의 방식으로 시행착오를 거듭하며 일이 잘 풀리지 않는다고 생각했던 직원들도 눈부신 성과를 낼 수 있다. 이로써 본래라면 개인과 조직이 성장하는 데 소비됐을 시간이 절감된다. 다른 사람이 시간을 들여 얻은 지식이나 정보를 공유하는 것은 '시간을 만드는 훌륭한 기술'이다.

일본인에게는 '다른 사람을 모방하는 것은 옳지 않다'란 의식이 강하지만 손정의는 수단에 구애받지 않고 오로지 '목표를 달성할 수 있느냐 없느냐'만을 중요하게 여긴다. 비즈니스는 결과를 내지 못하면 끝이기 때문이다.

성공하고자 하는 의욕이 강한 손정의는 다른 사람이 만들어낸 지혜와 노하우를 사양하거나 전혀 주저하지 않고 계속해서 빌리고 있다. 그러니 우리도 성공하고 싶다면 다른 사람의 성공 사례를 적극적으로 모방하고 공유하자.

재작업하지 않는 것이 효율화의 열쇠다

소프트뱅크에서 용납되지 않는 행위 중 하나가 바로 '재작업'이다.

무엇보다 착수한 일을 다시 하는 것은 시간 낭비일 뿐이다. 따라서 소프트뱅크의 직원이라면 해당 안건에 관련된 모든 사람이 재작업하지 않고 효율적으로 일하도록 반드시 절차에 따라 일을 진행해야 한다.

예를 들어, 소프트뱅크가 미국에서 합작회사를 설립할 경우 손정의는 가장 먼저 이렇게 선언한다.

"5월 10일 합작회사 설립에 관해 언론에 발표하겠습니다!"

그러면 이제 이 일정은 절대로 움직일 수 없다. 이 날짜로부터 역산해 이 안건을 움직이는 데 필요한 권한과 정보를 지닌 사람을 모아 프로젝트를 시작하고, 팀 전체가 해야 할 일과 마감 시한을 설정해 업무를 배정받은 개인이 끊임없이 업무를 처리해나가는 수밖에 없다. 이처럼 조직 전체가 최종 목표를 향해 나아가는 것이 소프트뱅크의 방식이다.

프로젝트 초기에 전체적인 업무 절차와 중간 단계의 마일스톤을 정해놓으면 다음은 그 계획에 따라서 개인이 척척 일을 소화하기만 해도 목표가 달성된다. 게다가 흔히 발생하는 문제, 이를테면 회사 설립 조건에 관해서 미국 기업과 거의 합의했는데 도중에 컴플라이언스부에서 이의를 제기하는 바람에 처음부터 다시 하게 되는 등의 문제들도 방지할 수 있다.

중요한 점은 각자의 노력으로 일정을 관리하거나 생산성을 높

이지 않고 조직으로서 낭비가 없도록 절차를 정하는 것이다. 재검
토해야 할 업무가 발생하는 이유는 대개 본인의 능력이나 업무 추
진 방식에 문제가 있어서가 아니다. 본인이 제대로 마감 시한을
지켜봤자 그 업무의 전후 과정을 담당하는 사람이 "죄송한데 이
안건을 잊어버려서 그러니 다시 한 번 확인해주시겠습니까?" 하
고 말하면 본인이 아무리 효율적으로 일해도 결국 똑같은 수고를
반복하게 된다.

소프트뱅크가 빠르게 성장한 까닭은 '개인의 노력이나 능력에
의존하지 않고, 조직 전체가 시간을 어떻게 효율화할 것인가'라는
의식과 시스템이 정착된 덕분이다.

여러 계획을
동시에 실행하라

소프트뱅크가 실천 중인 조직의 시간을 효율화하는 시스템으
로 고속 PDCA라는 것이 있다. PDCA는 PLAN(계획), DO(실행),
CHECK(평가), ACTION(개선)의 주기를 도는 경영 관리 기법으
로 잘 알려져 있지만 소프트뱅크가 실천하는 고속 PDCA는 일반
PDCA와는 조금 다르다.

대부분의 회사는 'P(계획)'에 충분한 시간을 들여서 정보를 수집하고 데이터 분석을 거듭한 다음 '성공률이 높다'고 판단한 계획을 한 가지만 실행한다. 하지만 격변하는 요즘 시대에 정말로 성공할지 실패할지는 실제로 해보지 않으면 알기 어렵다. 아무리 사전에 분석해봤자 탁상공론일 뿐이다. 게다가 계획에 시간을 들이는 동안에도 시장과 고객의 동향은 수시로 변화한다.

시간을 들여서 계획을 짜는 사이에 갑자기 해외에서 진출해온 기업이 시장을 독점해버릴지도 모른다. 또 수년에 걸쳐서 상품을 개발했는데 막상 출시했더니 소비자의 기호가 이미 변해 있었다는 사례도 허다하다. 이런 일이 벌어지면 계획에 들인 시간은 전부 물거품이 된다.

한편, 소프트뱅크식 '고속 PDCA'의 특징은 다음과 같다.

- **머릿속에 떠오른 계획은 가능한 한 전부 동시에 실행한다.**
- **하루의 목표를 정하고 결과를 매일 검증한다.**
- **목표와 결과 모두 수치로 관리한다.**

소프트뱅크에서는 '어느 계획이 성공할까?'를 생각할 여유가 없다. 성공할 가능성이 있는 계획이라면 곧바로 실행에 옮긴다. 심지어 한둘이 아니라 되도록 많은 계획들을 동시에 실행한다. 그리고 실행한 결과를 매일 수치로 검증한 다음 괜찮은 방법은 다른 부서와 사원들에게까지 퍼뜨리면서 목표에 최단기·초고속으로 도달한다. 이것이 조직 전체에서 목표를 빠르게 달성하는 비결이다. 개인이 업무 하나하나에 PDCA 주기를 돌려 시행착오를 반복한다면 성공에 도달하기까지 막대한 시간이 소비될 것이기 때문이다.

반면, 조직에서 일제히 수많은 PDCA 주기를 돌린 후 그중에서 가장 괜찮은 성공 사례를 공유하면 모든 사원이 성공한 사람들의 경험과 노하우를 순식간에 자기 것으로 만들 수 있다. 그 결과 조직 전체 역시 최단 기간에 성공을 거둘 수 있다.

한꺼번에 시험해서 최선의 방법을 찾아라

소프트뱅크는 ADSL사업에 진출해 야후BB 서비스를 처음 시작했을 때도 고객을 유치하기 위해 온갖 다양한 판매 방식과 채널들을 시험했다. 판매를 위탁한 대리점은 한두 군데가 아니라 수십 개에 달했다.

특히 길거리에서 모뎀을 무료로 나눠주는 당시의 통신업계에서는 상상조차 하지 못한 획기적인 캠페인을 펼쳤는데 심지어 이 캠페인은 일본 전역, 북쪽에서 남쪽에 이르는 수천 개나 되는 장소에서 행해졌다.

"빌릴 수 있는 곳은 모조리 섭외하라!"는 손정의의 구호 아래 상점가의 빈 매장이나 마트 주차장 일부, 역 앞 자유 공간 등에 파라솔만 세웠을 뿐인 간이 판매소를 만들고 직원이 그 주변을 지나가는 사람들에게 모뎀이 든 종이 가방을 계속해서 나눠주었다. 어느 시기에는 콜 센터를 이용한 전화 영업, 그리고 방문 영업을 시도하기도 했다.

이렇듯 고객 유치에 도움이 될 것 같은 모든 방식을 한꺼번에 시험했고 그 결과를 매일 수치로 검증하고 개선하면서 가장 좋은 방법을 추려 나갔다. 이 방식을 통해 소프트뱅크의 ADSL사업은 눈부시게 성장했고 야후BB의 신청자 수는 서비스를 시작한 지 얼마 되지 않아 100만 명을 넘어섰다. 그리고 앞서 이야기했듯이 불과 4년 만에 가입자 수 500만 명을 돌파했다. 이 엄청난 속도와 압도적인 성과야말로 '소프트뱅크식 고속 PDCA'의 효과다.

고속 PDCA에 관해서는 나의 또 다른 저서《초고속성장의 조건 PDCA》(청림출판, 2018)에서 자세히 설명했으니 흥미를 느낀 사람들은 참고하기 바란다.

앞서 언급한 사례에서도 알 수 있듯이 소프트뱅크는 어디까지나 조직의 시간 사용법을 효율화해 생산성을 높이려 한다. '높은 목표를 설정했으니 그다음에는 각자 노력하라'며 개인에게만 떠넘기지 않고, 회사가 확실하게 생산성을 높일 수 있는 시스템을 만든다. 이것이 결과적으로는 개인 '시간의 효율화'로 이어진다.

시스템에 따라 일하면 야근이 자연스럽게 줄어들 뿐 아니라 불필요한 업무를 반복해 심신의 에너지를 소모할 필요도 없어진다. '시스템'을 만드는 작업은 조직과 개인 모두를 행복하게 만드는 중요한 열쇠인 셈이다.

'하지만 우리 회사에는 그런 시스템이 없는데….'

이렇게 생각하는 사람이 있을지도 모른다. 그러나 시스템은 손정의 같은 경영인이 아니어도 만들 수 있다. 개인이 자기만의 시스템을 만듦으로써 충분히 함께 일하는 사람이나 소속 팀 전체의 시간 효율을 높일 수 있다. 그러한 '시스템'을 어떻게 만드는지는 PART2에서 자세히 설명하겠다.

목표를 향해 나아가는 시간 관리법

1. 시간은 가장 귀중한 자원이다.
2. 시간에는 '투자'와 '소비'가 있다.
3. 시간 관리는 곧 포트폴리오 관리다.
4. 장기 목표를 세우고 그곳에서부터 역산해 단기 계획을 세운다.

손정의의 시간 사용법

1. 계획은 유연하게 변경한다.
2. '마일스톤'에 시간을 집중적으로 투자한다.
3. 마감 시한을 공언한다.

시간을 만들어내는 기술

1. 다른 사람의 힘을 빌린다.
2. 성공 사례를 공유한다.
3. '재작업 제로'를 목표로 한다.
4. 고속 PDCA 주기를 돌린다.
5. 온갖 수단을 한꺼번에 시험한다.
   ➡ 이런 시스템을 만든다.

손정의에게 배우는 시간 관리

· 시간은 인생에서 가장 중요한 자원이다.
· 목표로 삼을 산을 정하면 그 어떤 높은 산이라도 오를 수 있다.
· 시간은 늘릴 수 없지만 다른 사람의 힘을 빌리면 창출해낼 수 있다.

시간 관리
시스템을 만들라

모두의 시간을
낭비하지
않아야 한다

"손정의의 장기는 무리한 요구하기다."

손정의와 함께 일했던 사람이라면 누구나 이와 같이 말하고 싶을 것이다. 아무런 예고도 없이 "좋아, 한 달 후에 새로운 서비스를 출시한다!"는 식의 말을 꺼내는 일도 적지 않다. 보통 준비에 6개월 내지 1년은 걸릴 법한 서비스라 해도 개의치 않는다. 게다가 손정의의 우선순위는 실시간으로 계속해서 변한다. 미팅 중에 좋은 아이디어가 떠올랐다며 조금 전까지 했던 이야기와는 전혀 다른 방향에서 논의를 꺼내는 일도 허다하다. 심지어 그날의 일정조차 우선순위에 따라 바꿔버린다.

"미팅을 계속할 테니 이후에 잡힌 일정을 취소해!"

비서 시절의 나 역시 이런 말을 수도 없이 들었다. 이처럼 손정의가 말 한마디로 밥상을 뒤엎는 일은 일상다반사였다.

물론 이럴 때마다 주변 사람들은 매우 곤혹스럽다. 특히 내 역할은 손정의의 일정과 시간을 관리하는 일이었으므로 입사 초기에는 이 무리한 요구 탓에 꽤 고생을 했다. 하지만 그러한 경험들로 인해 상사의 억지와도 같은 그 어떤 지시조차 해결하고 시간을 효율적으로 사용하기 위한 '시스템'을 만들어낼 수 있었다.

애초에 상사란 밥상을 뒤엎는 존재다. 지위가 높은 사람일수록 많은 정보를 손에 넣을 수 있기 때문이다. 사장이 아는 정보와 갓 입사한 평사원이 아는 정보에는 당연히 격차가 있기 마련이다. 그리고 보유한 정보량이 다르면 의사를 결정하는 판단 기준 또한 달라진다.

이러한 까닭에 사장이 자기 수중에 있는 정보를 토대로 적절한 판단을 내려도 그 정보를 알 길 없는 직원들이 볼 때는 불합리하고 권위적인 말처럼 들린다. 따라서 상사가 의사결정을 하면 부하직원들은 이를 받아들이고 실행할 수밖에 없다. 이는 소프트뱅크에 근무하는 직원들뿐 아니라 조직에서 일하는 사람이라면 누구나 같은 입장이리라. 그러므로 누구나 '상사의 무리한 요구를 해결할 수 있는 시스템'을 만들 필요가 있다.

주변 사람의 시간도
관리하라

상사의 무리한 요구를 해결할 수 있는 시스템이란 '상대를 컨트롤하는 시스템'을 말한다. 즉, 상대방이 권위적인 말을 하거나 밥상을 뒤엎을 것을 미리 예상하고 이를 피할 방법을 모색하는 것이다.

나는 손정의의 시간을 낭비하지 않기 위해 주변 사람의 시간까지 관리해야 했다.

"10월 12일에 나스닥재팬·클럽의 첫 번째 회의를 할 테니 회원이 될 만한 벤처기업을 3000개 모집하라!"

손정의가 이렇게 선언한 때는 10월 초였다. 1주일 안에 정확히 3000개의 벤처 기업을 모집하라는 그야말로 무리한 요구였다. 그러나 결과적으로는 3000개의 회원을 모집해 나스닥재팬·클럽의 첫 회의를 성대하게 치렀다. 이 일이 가능했던 것은 해야 할 일이 정해지면 그 안건과 관련된 사람들을 끌어들여 모든 사람이 맡은 임무를 마감 시한까지 끝마치는 시스템 덕분이었다. 즉, 시스템을 만드는 것이 핵심으로 이를 위한 비법은 다음 세 가지다.

1. **다른 사람보다 먼저 권한과 정보를 모은다.**

2. **기대치를 조율한다.**

3. 정례회의로 조직 전체를 앞으로 나아가게 한다.

의사결정에 필요한 카드를
최대한 모아라

의사결정에는 '권한'과 '정보'가 필요하다. 이 두 가지 카드가 한데 모이면 기본적으로 밥상을 뒤엎는 상황은 잘 일어나지 않는다.

"사내에서는 A안으로 결정했지만 고객이 B안을 선택했으니 변경한다."

"C사에 외주를 주기로 결정했지만 나중에 이 회사의 재정 상황이 좋지 않다는 사실이 판명되어 재검토한다."

이러한 사태가 일어나는 원인은 상사가 의사를 결정하는 시점에 권한과 정보 중 어느 한 쪽이 부족했기 때문이다. 확실히 상사는 부하직원보다 권한이 강하고 정보도 많다. 그러나 상사의 권한과 정보가 항상 충분하다고 하기는 어렵다. 당신의 직속 상사가 과장이라면 그 위의 부장이나 본부장, 이사에게 더 강한 권한이 있다. 과장이 승인해도 부장이 기각하면 그 안건은 수정해야 한다.

회사 내의 모든 일을 결정할 수 있는 권한을 가진 손정의조차도 다른 회사와 함께 사업을 추진할 때는 상대 기업 측 수장의 권한을 무시하기 어렵다. 혹은 통신사업처럼 법률이나 규제가 얽힌 사업이라면 정부 또는 관공서의 허가나 법률 전문가의 보증을 받아야 한다.

정보 또한 마찬가지다. 상사가 의사를 결정할 때 미처 확인하지 못한 정보나 입수하지 못한 정보가 있으면 나중에 밥상을 뒤엎을 가능성이 있다. 따라서 부하직원이 남보다 먼저 필요한 권한과 정보를 한데 모으는 일이 중요하다. 나 역시 항상 이를 실천했다.

"이 안건은 상대 기업 측 대표님과 만나 의견을 듣는 편이 좋을 듯합니다."

"이 안건은 세무사를 불러서 확인하시죠."

이렇듯 손정의가 의사를 결정하기 전에 미리 카드를 모으려고 노력했다. 손정의가 꺼려도 "이 사람은 반드시 부르셔야 합니다!"라고 설득한 후에 일정을 짰다.

물론 부하직원인 나도 손정의의 의사결정에 필요한 요소들을 전부 정확히 파악하지는 못했다. 그러한 까닭에 카드가 될 가능성이 있는 사람을 주저 없이 불러서 손정의의 권한과 정보의 폭을 넓히는 작업이 중요하다고 생각했다. 이렇듯 손정의가 밥상을 뒤엎을 확률을 최소한으로 억제함으로써 직원들이 시간을 낭비하며 재작업하지 않게 조절할 수 있었다.

기대치를 확인한 후에
시작하라

상사에게 지시받은 일로 시간을 낭비하지 않으려면 처음에 상대방이 무엇을 '기대'하는지를 확인하는 작업이 중요하다.

누구나 한 번쯤은 자료를 만들어두라는 말을 듣고 파워포인트까지 활용해 정성이 가득 담긴 자료를 만들어 가져갔더니 상사에게 "음, 워드로만 간단히 정리해도 충분했는데…"라는 말을 듣거나 이와 비슷한 경험을 해보았으리라. 이와 같은 인식의 차이로 시간을 낭비하지 않기 위해서라도 일찌감치 상대방과 '기대치'를 조율해둬야 한다.

"프레젠테이션 자료 말인데요. 도판과 일러스트 같은 시각 요소가 필요한가요? 아니면 문자로만 작성하나요?"

이처럼 상대방의 기대치를 확인한 후에 일을 시작하면 시간 낭비를 하지 않아도 된다.

프로젝트나 팀으로 진행하는 일도 마찬가지다. 이때의 핵심은 기한, 품질, 비용의 균형을 잡는 것이다. '기한은 최단, 품질은 최고, 비용은 최소로 하라'는 말을 들었어도 현실적으로는 불가능하므로 상대방과 대화해서 이 세 가지를 조정해야 한다.

"마케팅 조사의 경우 그룹 인터뷰는 2주 안에 보고할 수 있고 개별 인터뷰는 3주 정도 걸립니다. 어떻게 할까요?"

"이벤트 회장 말인데요, 홀 전체를 빌리면 300명 정도 입장할 수 있지만 요금은 예산을 10퍼센트 초과합니다. 개별 공간이라면 100명 정도 들어가지만 요금은 예산 안에서 해결할 수 있고요. 넓이와 비용 중 어느 쪽을 우선해서 빌릴까요?"

그러면 이번에는 시간이 촉박하니 그룹 인터뷰로도 괜찮다, 예산은 받아올 테니 넓은 회장을 잡으라는 등 상대방의 우선순위가 명확해지므로 이후 그 우선순위에 따라 일을 추진해나가면 이 역시 시간을 낭비할 것이 없다.

'상대방이 기대하는 일은 하고, 기대하지 않는 일은 하지 않는다.' 이와 같은 선 긋기가 바로 효율화의 열쇠다. 이는 상사뿐 아니라 고객이나 그 밖의 기업 이해관계자들을 대할 때도 마찬가지다. 더 확실히 해두고 싶을 때는 일을 추진하는 도중이라도 몇 번씩 기대치를 조율하면 된다. 중간 단계라도 좋으니 결과물을 보여주면서 이 방향성이 올바른지를 확인하며 추진해나가면 최종 단계에 이르러 '내가 생각했던 것과 다르니 다시 하라'는 말을 들을 일이 없다.

나 역시 처음에는 손정의에게 여러 번 지적을 받았다. 그가 프레젠테이션에서 사용할 모든 자료를 만들었는데, 마감 시한 직전에 손정의가 이 자료는 사용할 수 없으니 다시 만들라는 무리한 요구를 하는 바람에 밤을 새워가며 새롭게 만든 적도 많았다.

'이래서는 아무리 시간이 많아도 결국에는 부족하겠는데….'

난처해진 나는 자료를 만드는 도중에 결과물을 손정의에게 보여주어 기대치를 조율하기로 했다.

"아직 대략적인 단계이기는 하나 제목은 이렇게 넣으면 되겠습니까?"

"목차를 대충 정리해봤는데 빠진 내용은 없습니까?"

이렇게 요소마다 확인하면서 추진하면 만일 손정의의 기대치와 어긋나는 부분이 있어도 곧바로 방향을 전환할 수 있기 때문이다. 완성한 후에 전체를 수정하면 또다시 처음 자료를 만들 때와 똑같은 양의 시간이 걸리지만 중간 단계라면 어긋나는 부분도 적으므로 수정하는 데 드는 시간이 최소한으로 줄어든다. 또 상대방이 기대하는 방향으로 착실하게 나아갈 수 있으므로 완성본을 제출했을 때 한 번에 OK를 받을 확률도 높아진다.

재작업을 하지 않기 위해서라도 상대방과 기대치를 조율하면서 일을 해나가는 시스템 만들기가 중요하다.

정례회의를 정하면
마감 시한이 명확해진다

앞에서 이야기했듯이 소프트뱅크에서는 정례회의를 중요하게 여긴다. 정례회의는 손정의 스스로 시간을 낭비하지 않기 위한 방법인 동시에 상사가 의사결정한 내용을 조직 전체에서 확실히 추진하기 위한 시스템이기도 하다.

나도 손정의로부터 몇 가지 안건에서 프로젝트 매니저란 직함을 받았는데 어느 프로젝트에서든 반드시 정례회의를 설정했다. 정례회의는 곧 '마감 시한'의 역할을 하는 까닭이었다. 그 안건과 관련된 모든 사람이 한자리에 모이면 '다음 주에 열리는 정례회의 때까지 누가 무엇을 할 것인가'라는 단기 목표를 공유할 수 있다. 그러면 각자가 역산해 '그럼 수요일까지 매출액을 수치로 정리하고 목요일 저녁에는 보고서를 완성해야겠다' 등 개인의 마감 시한과 우선순위 또한 명확해진다. 다음 정례회의를 향해 조직이 일제히 움직이게 되는 것이다.

비유하자면 정례회의는 보트를 저을 때의 북과 같다. 북재비가 북을 '둥둥' 두드릴 때마다 보트에 탄 모든 사람이 일제히 노를 저으면 보트가 자연스럽게 앞으로 나아가 무사히 최종 목표 지점에 도달한다. 한 사람 한 사람에게 노 젓는 타이밍을 맡기면 여유를 부리거나 휴식을 취하는 사람이 나오는 탓에 목표 지점에 도달하는 시간이 자꾸만 늦어진다. 그러나 '북이 울리면 손을 움직인다!'라고 정한 다음 모든 사람이 가장 빠른 속도로 노를 젓게 관리한다면 팀 역시 가장 빠른 속도로 앞으로 나아갈 수 있다.

정례회의는 내가 맡았던 프로젝트 매니저처럼 현장에서 팀을 총괄하는 사람에게도 매우 효과적인 방식이다. 정보의 공유 속도와 정확도가 극적으로 높아지는 까닭이다. '문제가 발생했으니 모여라'가 아니라 '매주 월요일 오전에는 회의를 한다'고 정해 모든 사원이 모이는 자리를 만들면 전원이 항상 최신 정보를 그 자리에서 공유할 수 있다.

하지만 정기적으로 정보 공유의 자리를 만들지 않으면 팀 내에 인식의 차이가 생긴다. "그 안건, 어떻게 됐어요?" 하고 물으면 A는 'B가 클라이언트에게 확인하겠다고 했다'고 말하고, B는 '그 안건은 C에게 이미 보고했다'고 말하며, C는 '그런 이야기는 듣지 못했다'고 말할 것이다. 정보를 개별적으로 주고받으면 반드시 이런 혼란이 발생한다. 안건에 관련된 사람이 많을수록 사람과 사람을 잇는 커뮤니케이션 네트워크 라인의 수가 늘어나기 때문이다.

이 커뮤니케이션 네트워크 라인의 수는 n을 멤버의 수라고 했을 때 $n(n-1) \div 2$로 늘어난다. 관련된 사람이 단 2명뿐이라면 이 두 사람을 잇는 네트워크 라인의 수는 1개뿐이다. 4명이면 이 라

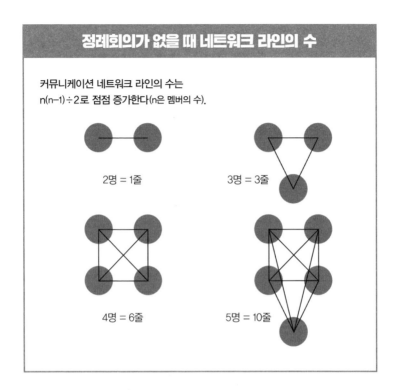

정례회의가 없을 때 네트워크 라인의 수

커뮤니케이션 네트워크 라인의 수는
n(n−1)÷2로 점점 증가한다(n은 멤버의 수).

2명 = 1줄

3명 = 3줄

4명 = 6줄

5명 = 10줄

인은 6개가 되고, 5명이면 10개, 6명이면 15개로 계속해서 늘어난다. 10명이면 45개, 15명이면 105개의 라인이 생긴다. 이토록 많은 라인이 종횡무진으로 달리는 와중에 개별적으로 소통해서 일을 추진하려 한다면 엄청난 시간적 손실이 발생할 것이다. 그러므로 1주일에 한 번은 모든 사원이 한자리에 모이는 정례회의를 마련해 그 자리에서 최신 정보를 일제히 갱신하는 방식이 가장 효과적이다.

누가, 언제까지,
어떤 결과물을
낼 것인가?

시스템을 만들어도 그 시스템이 제대로 운용되지 않으면 효과가 없다. 소프트뱅크에는 1분 1초의 시간조차 낭비하지 않기 위해 손정의가 주변 사람들에게 실천하도록 요구한 철칙이 있다. 그 철칙은 다음 다섯 가지다.

1. '검토 중'이란 말은 절대 금물이다.

2. 결론부터 말하라.

3. A4 한 장의 메모를 준비하라.

4. 결과물은 '명사형'과 '수치'로 정의하라.

5. 문제를 '구조화'하라.

회의에서 '검토 중'이란 말은
필요 없다

소프트뱅크 회의에 있어 철칙은 '회의를 연 이상 그 자리에서 결론을 내는 것'이다. 손정의는 이렇게 말했다.

"내 질문에 전 사원이 곧바로 대답한다면 그 어떤 안건이라도 10초 안에 결정될 것이다."

따라서 손정의 앞에서는 '검토 중'이란 말을 절대로 해서는 안 된다. 고객의 마음으로 회의에 출석해 그 안건은 회의가 끝나고 생각해보겠다거나 나중에 부하직원에게 확인하고 다음 회의 때 보고하겠다고 대답하는 행위는 용납되지 않는다. 만약 그럴 경우 손정의에게 "자네는 이제 됐네!"라는 말을 듣고 즉시 퇴장해야 한다. 회의에 참석했다면 손정의가 그 어떤 질문을 하더라도 반드시 그 자리에서 결론을 말해야 한다. 그러므로 소프트뱅크의 회의에서는 언제나 전 사원들의 진검승부가 펼쳐진다.

결론을 내지 않으면 정례회의 또한 기능하지 못한다. '다음에 무엇을 할 것인가'라는 행동을 결정하지 않으면 조직은 움직이지 않는 까닭이다. 그 자리에서 결론이 나지 않는 회의가 계속되면 점차 회의에 참석하는 사람이 줄어든다는 단점도 있다. '어차피 정례회의에 참석해봤자 아무것도 결정되지 않으니 나 대신에 부하직원을 보내도 되겠지'라고 생각하는 사람이 생겨나기 마련이다. 그러면 권한과 정보를 쥔 멤버가 한데 모이지 않아 점점 그 자리에서 결론이 나오지 않게 되므로 회의의 기능이 마비돼버린다.

당신의 회사에도 "검토 중입니다"라는 말을 버릇처럼 하는 사람이 있지는 않은가. 이 말을 지금 당장 금지하길 바란다.

결론부터 말하라

"결론부터 말해!"

손정의와 일했던 사람은 누구나 한 번쯤 이 말을 들어봤을 것이다. 물론 나도 여러 번 질책을 당했다. 손정의의 마음을 사로잡으려면 처음 10초가 승부처다. 상황을 설명하거나 변명을 늘어놓으려 하면 "결국 하고 싶은 말이 뭔가? 나는 결론을 알고 싶다고!"와 같은 불호령이 떨어진다. 그러므로 입을 뗐다면 제일 먼저 결론을 말해야 한다.

"이번 공모에서는 A사를 선택해야 합니다."

우선 이처럼 확실하게 단정적으로 말하자. 이유나 근거를 대는 것은 그다음으로 하고 이 또한 최대 3개 이내로 추려야 한다.

"참가한 3개사 중 가장 비용이 낮은 점, 기한을 어긴 적이 없는 점, 동업종 타사가 A사의 시스템을 도입해 30퍼센트나 비용을 절감하는 데 성공한 점이 그 이유입니다."

이렇게 말하면 결론을 포함해 10초 이내로 정리된다.

가장 좋지 않은 유형은 다음과 같이 말하는 것이다.

"얼마 전 공모 말인데요, A사와 B사, C사를 비교해보았습니다. A사는 가격은 저렴하나 일반적인 지명도가 없습니다. 하지만 B사는 실적이 없고, C사는 저번에 기한을 지키지 않아서 어떻게 하면 좋을지 생각해봤는데요…."

이렇듯 장황하게 이야기해 빠른 시간 내에 결론에 도달하지 못하는 보고는 시간 낭비일 뿐이다.

A4 한 장의 메모를 준비하라

누군가와 커뮤니케이션을 할 때는 메모해둔 종이를 한 장 준비하는 것이 좋다. 이것이 정보 전달 및 의사결정의 속도를 높이는 비결이다. 말로만 들을 때는 잘 이해되지 않는 일도 문자나 도표와 함께 설명을 들으면 바로 이해된다. 인간은 '귀'보다 '눈'으로 들어오는 시각적 정보를 압도적으로 많이 머릿속에 저장하는 까닭이다. 이런 사실을 충분히 인지하고 있던 손정의도 누군가와 만날 때는 반드시 내게 자료를 준비하도록 지시했다.

자료를 보여주며 이야기하면 아무리 복잡한 내용이라도 순식간에 상대방에게 전달된다. 사내의 소소한 보고나 연락, 또는 상담이라면 메모 정도로도 충분하지만 회의나 프레젠테이션에 사용할 자료라면 A4용지 한 장으로 정리해야 한다. 이 크기라면 전체 내용이 한눈에 들어오기 때문에 상대방도 즉시 내용을 파악할 수 있다. 종이의 크기가 크면 무심코 쓸데없는 정보까지 넣고 싶어진다. 커뮤니케이션 속도를 올리기 위해 메모를 작성하는 것이니 메모할 내용 또한 요점만 추려서 최대한 간결하게 정리하자.

이야기하기 전 '종이에 적는 습관'은 커뮤니케이션 시간을 줄이는 비결이다.

'명사형'과 '수치'로 결과를 정리하라

소프트뱅크에서는 '누가, 언제까지, 어떤 결과물을 낼 것인가'를 구체적인 태스크에 반영하는 것을 회의의 목표로 삼는다. 일본의 회사에서 흔히 있을 법한 "여러분, 그럼 나머지는 이런 식으로 잘 부탁합니다!"라며 모호하게 끝나는 일은 절대 없다.

회의에서 결정된 사항을 곧장 행동으로 옮기려면 담당자나 기한을 결정하는 것은 물론 결과물을 명확하게 정의하는 작업이 무엇보다 중요하다. 핵심은 '명사형'으로 정의하는 데 있다.

"다음 주 회의 때까지 야마다 씨가 경쟁사의 고객 만족도를 조사해오세요"라는 식의 업무 지시는 태스크의 정의로서 충분치 않다. "조사는 했습니다만 보고서는 아직입니다"라는 말을 듣게 될 가능성이 있기 때문이다. 보고서가 없으면 다음 행동으로 옮길 수 없으므로 조직 전체의 일이 그 지점에서 멈춰버려 의미 없이 시간만 흘러가게 된다. 따라서 결과물은 반드시 '명사형'으로 정의하는 것이 철칙이다.

"다음 주 회의 때까지 야마다 씨가 '경쟁사의 고객 만족도 보고서'를 작성해오세요." 이것이 결과물을 정의하는 올바른 방법이다.

손정의 밑에서 프로젝트 매니저로 일한 나는 이를 더욱더 철저히 하기 위해 '결과물을 기초로 한 회의록'을 작성했다. 담당자, 기한, 결과물을 적어넣는 형식을 만들어 회의에서 결정된 내용을 다음의 예시처럼 모두 명사로 적는 것이다.

- **담당자 → 야마다**

- **기한 → 9월 10일**

- **결과물 → 경쟁사의 고객 만족도 보고서**

이밖에도 신상품 캠페인에 관한 기획서, 그룹 인터뷰 보고서, 대리점 결정 승인서 등 모두 '명사형'으로 정의한다. 이렇게 하면 담당자는 결과물이 나오기까지의 모든 과정을 기한 안에 끝마쳐야 한다. '조사는 했지만 자료는 아직'이라며 빠져나갈 수 없다. 회의라는 북소리에 맞춰서 전 사원이 전력으로 보트 안에서 노를 저으려면 회의의 결론은 반드시 '결과물'을 기초로 정의해야 한다.

게다가 개인 업무 또한 결과물을 기초로 관리한다. 그중에서도 매일의 결과물을 '수치'로 정의하는 작업이 중요하다. 소프트뱅크에서는 그날의 매출액과 수익, 신규 가입 고객 수 등의 수치를 실시간으로 파악한다. 임원들은 이 수치를 보고 '오늘보다 좋은 실적 올리기'를 내일의 목표로 삼고, 매일 새로운 개선 방안을 시도하고 검증하며 다시 개선하는 주기를 되풀이한다.

내일은 오늘보다 분발하겠다는 근성론만으로는 매일 확실한 결과를 내기 어렵다. 수치라는 명확한 지표로 정의하는 덕분에 이를 달성하려면 어떻게 해야 할지를 각자 생각하고 구체적인 행동으로 옮길 수 있다.

문제를 구조화하라

"3일 안에 경영 요소를 1만 개 정리해오게!"

이것이 내가 손정의에게 입사 후 처음으로 들은 '무리한 요구'
였다. 당시 나는 소프트뱅크로 이직한 지 얼마 되지 않아 경영 요
소가 무엇을 의미하는지조차 잘 알지 못하는 만 25세의 청년이었
다. 이런 사람에게 1만 개라는 할당량을 주었을 뿐 아니라 겨우 3
일 안에 목록으로 만들라고 했으니 손정의의 요구가 얼마나 무리
였는지 이해가 되지 않는가.

아무리 머리를 굴려도 1만 개나 되는 경영 요소를 생각해낼 수
없었다. 필사적으로 고민한 끝에 내가 도달한 해결 방안은 '구조
화'였다. 구조화란 커다란 문제를 작은 요소로 잘게 쪼갬으로써 전
체 모습을 파악하는 기법이다. 유형의 축을 결정하고 현상을 세분
화하면 터무니없이 커 보이는 문제도 간단히 해결된다.

이때 나는 다음과 같이 문제를 구조화했다. 우선 경영과 관련된
커다란 요소를 10개 적는다.

경영 전략, 재무, 경리, 법무, 인사 등등. 그다음으로 그 10개의
요소를 더 작게 10개씩 나눈다. 경영 전략이라면 상품 전략, 마케
팅 전략, 판매 전략…, 재무라면 자금 조달, 자본 정책, 현금 흐름

관리… 등으로 말이다. 이렇게 하자 '10×10=100개'의 요소가 만들어졌다.

여기에서 더 나아가 이 100개를 각각 100개의 요소로 나누었더니 어느새 '100×100=10000개'가 달성됐다. 이리하여 나는 마감 시한이었던 3일 후에 손정의에게 1만 개의 목록을 제출함으로써 첫 번째 임무를 무사히 달성해냈다.

나뿐 아니라 소프트뱅크의 임원이라면 누구나 손정의로부터 "사업 계획 유형을 1000가지 만들어라!" 등의 지령을 종종 받았다. 그러나 이 또한 유형의 축을 정하고 점점 문제를 잘게 쪼갠다면 그리 어려운 일이 아니다. 신규 가입 고객 수, 고객 단가, 고객 유치 비용, 설비 투자 등의 축을 정하고 신규 가입 고객 수가 3년째까지 100만 명인 상황, 150만 명인 상황, 200만 명인 상황 등으로 세분화하면 유형은 얼마든지 만들 수 있다.

작은 요소를 하나하나 쌓아 올려 커다란 문제를 파악하려 하면 터무니없이 긴 시간이 걸린다. 하지만 처음에 전체 모습을 명확히 해두면 이를 구성하는 작은 요소들을 세세히 밝혀내는 작업은 의외로 간단하다.

도저히 불가능해 보이는 커다란 문제일수록 우선 구조화하라. 이것이 문제 해결 시간을 줄이기 위한 철칙이다.

효율적인
시간 관리의
핵심 원칙 7

손정의 곁에서 매일 그의 무리한 요구를 해결해온 나는 이 경험을 토대로 나만의 시간 관리법을 확립하기에 이르렀다. 그리고 손정의의 철칙이나 그가 실천하는 시간 관리법 또한 계속해서 흡수했다. 이를 정리한 것이 PART3에서 소개할 7가지 방법이다. 효율적인 시간 관리의 핵심이자 이 책에서 내가 가장 중요하게 전달하고자 하는 내용이므로 각각의 구체적인 실천법과 비법은 이후에 보다 자세히 설명하고, 여기에서는 그 키워드와 간략한 내용만 소개하려 한다.

1. 4분기마다 이슈 리스트 만들기

효율적인 시간 관리의 핵심으로 평범한 사업가나 회사원에게도 부디 실천해보라고 권하는 방법이 바로 앞서 소개한 '이슈 리스트' 작성하기다. 물론 나도 항상 이슈 리스트를 만들어 가까이에 둔다. 이슈 리스트 덕분에 계획을 계획인 채로 끝내지 않고 매일 태스크에 반영힘으로써 최종 목표를 향해 착실히 나아갈 수 있다.   → 자세한 내용은 PART3 '시간 관리 원칙① 참고

2. 작업 시간의 최소 단위는 '15분'

보통 사람은 업무 일정을 1시간 단위로 짠다. 짧아도 대부분 30분 단위일 것이다. 그러나 소프트뱅크의 속도감을 생각했을 때 1시간이나 30분 단위는 너무 느긋하다. 시간은 최소 '15분' 단위로 매듭지어야 한다.   → 자세한 내용은 PART3 '시간 관리 원칙② 참고

3. 일정 관리의 기본 단위는 '1주일'

일정은 '주간'을 기본 단위로 관리해야 한다. 업무 지연을 방지하는 대원칙은 1주일 안에 해야 할 태스크를 모두 끝마치는 것이다. 자신의 업무는 물론 다른 사람의 시간을 조정하기 위해서

라도 반드시 주간 단위로 마감 시한을 설정해야 한다. '다음 주까지 해오라'는 말을 듣고 오늘 업무를 시작하는 사람은 없다.

→ 자세한 내용은 PART4 '시간 관리 원칙③' 참고

4. '1일 24시간'으로 포트폴리오 짜기

업무, 학습, 취미, 가정 등에 시간을 어떻게 배분할지를 생각하지 않으면 야근이 계속돼 가족과 함께할 시간을 전혀 내지 못하는 불균형한 인생을 보내게 될 수도 있다. 이런 사태를 막으려면 '1일 24시간'으로 포트폴리오를 짜고, 업무 시간뿐 아니라 출근 전이나 퇴근 후의 시간을 어떻게 사용할지까지 포함해 전체적으로 균형을 잡는 작업이 중요하다.

→ 자세한 내용은 PART4 '시간 관리 원칙④' 참고

5. 자투리 시간 알뜰히 활용하기

'시간이 없다'는 말을 달고 사는 사람이라도 하루의 시간을 어떻게 사용하는지를 철저히 밝혀내면 자투리 시간이 있기 마련이다. 업무 효율은 물론 삶의 질을 높이기 위해서라도 자투리 시간을 알뜰히 활용하자. → 자세한 내용은 PART5 '시간 관리 원칙⑤' 참고

6. '1차 완결률' 의식하기

업무 효율을 높이려면 '1차 완결률'을 의식하는 것이 중요하다. 즉, 작업은 한 번에 끝내야 한다. →자세한 내용은 PART5 '시간 관리 원칙⑥' 참고

7. 주저하지 않고 다른 사람의 힘 빌리기

손정의가 단기간에 큰 성공을 거둔 이유는 다른 사람의 힘을 빌리는 데 뛰어난 재능을 발휘한 덕분이다. 천재 경영인이라고 불리는 손정의도 주저하지 않고 '다른 사람의 힘'을 빌렸으니 평범한 사업가나 회사원이라면 더욱이 어떻게 해야 다른 사람의 힘을 잘 사용할지를 고민해야 한다.

→자세한 내용은 PART5 '시간 관리 원칙⑦' 참고

나는 회사를 그만두고 독립한 후에도 계속해서 소프트뱅크에서 배우고 익힌 시간 관리법을 실천했다. 그 결과 단기간에 사업에서 성공을 거두었을 뿐 아니라 내가 운영하는 회사의 거의 모든 사원이 정시에 퇴근하는 '야근 제로'를 실현해냈다.

앞서 이야기했듯이 현재 나는 1년 집중형 코칭 영어 회화 사업체 토라이즈를 운영하고 있다. 소프트뱅크식 시간 관리법과 프로

젝트 매니지먼트 기법을 활용해 '1년 안에 영어를 완벽히 구사한다'는 목표를 확실하게 이룰 수 있도록 지원하고 이에 걸맞는 서비스를 제공한다는 점이 특징이다.

토라이즈에서는 우선 수강생에게 '자신이 원하는 1년 후의 모습'을 명확히 설정하도록 한다. 가령 '외국 학회에서 영어로 프레젠테이션을 하는 나' '영어로 비즈니스 협상을 하는 나'와 같은 식이다. 최종 목표를 명확히 설정한 수강생은 1년간 1000시간의 영어 학습과 전속 컨설팅에 의한 철저한 지원을 바탕으로 확실히 목표를 달성해낸다.

기존의 영어 회화 학원과는 전혀 다른 각도에서 서비스를 제공한 결과 예상을 웃돌 만큼 수강 희망자가 몰렸다. 그리하여 2015년 봄 토라이즈가 서비스를 시작한 지 1년 만에 흑자 전환에 성공했고, 수강 중인 학생은 약 1500명, 학습 거점인 센터는 도쿄, 가나가와, 오사카에 총 아홉 군데에 달할 만큼 규모가 커졌다(2018년 8월 기준).

수강생의 학습을 지원하는 컨설턴트로는 약 60명 정도가 일하고 있고, 월평균 4.08시간 정도 야근을 한다(2017년 기준). 한 달 영업 일수가 약 22일이니 하루에 20분 정도 야근하는 날도 있는 셈이다. 즉, 실제로는 거의 야근을 하지 않는다.

시스템을 만들면 야근도 사라진다

창업 초기부터 나는 '야근을 하지 않아도 성장하는 비즈니스 모델'을 목표로 회사를 경영해왔다. 직원들에게 장시간 노동을 강요해야만 성장하는 회사라면 비즈니스를 하지 않는 편이 낫다고 생각했고 이 생각은 지금도 변함이 없다.

게다가 손정의 곁에서 배운 시간 관리 기술과 업무 기술을 구사하면 반드시 내가 목표로 하는 비즈니스 모델을 만들 수 있을 것이라고 확신했다. 창업한 지 40년이 채 되지 않는 짧은 기간에 소프트뱅크가 엄청난 초거대 기업으로 성장한 이유는 손정의가 비효율적인 시간 낭비를 철저히 막고 효율성과 생산성을 추구해온 덕분이다. 나는 이 기법을 활용하면 개인의 열정에 의존하지 않고도 조직이 성장하는 시스템을 만들 수 있다고 생각했다.

그렇다고는 해도 처음부터 모든 일이 순조롭게 풀리지는 않았다. 토라이즈 서비스를 시작한 직후에는 '야근을 하지 않으면 일이 끝나지 않는다'며 반발하는 컨설턴트도 있었다. 야근을 하게 되는 이유는 개인의 열정이 부족해서가 아니라 조직의 시스템에 문제가 있기 때문이다. 이런 사실을 잘 알고 있었던 나는 다음과 같은 시스템을 만들었다.

하는 일과 하지 않는 일을 명확히 정의한다

토라이즈에서 야근을 하게 되는 원인 중 하나는 컨설턴트가 수강생의 기대에 과도하게 부응하려 한 점에 있었다. 본래 컨설턴트의 임무는 수강생이 영어로 말할 수 있게 아낌없이 지원하는 일이다. 그러나 실제로는 회사에서 프레젠테이션할 때 사용할 자료를 번역해줬으면 좋겠다, 해외에서 온 메일을 좀 번역해달라는 등의 영어 학습과 관계없는 부탁들을 컨설턴트가 들어주는 경우가 적지 않았다.

일본에는 '고객은 신'이라는 인식이 뿌리 깊게 자리 잡은 탓에 성실한 사람일수록 고객의 부탁을 쉽게 거절하지 못한다. 그 결과 해야 할 일이 눈덩이처럼 늘어나 야근을 하게 되는 것이다. 그래서 나는 수강생과 계약할 때 다음과 같은 사실을 약관을 통해 분명히 밝혀두었다.

"컨설턴트의 역할은 수강생의 목표 달성을 위한 지원입니다."

게다가 등록 전에 고객과 상담할 때도 컨설턴트들에게 업무 외적인 부탁은 거절한다는 취지를 분명히 설명하라고 이야기했다. 즉, 컨설턴트가 '하는 일'과 '하지 않는 일'을 회사 차원에서 명확히 정의했다. 이는 앞서 소개한 시간 관리의 비법 가운데 '기대치 조율하기'를 응용한 것이다. 이 사례에서는 수강생이 지나치게 기대하지 않게끔 미리 자신이 어디까지 지원할지를 알려줌으로써 양측의 기대치를 조율했다. 이로써 컨설턴트는 자신의 임무에서 벗어나는 업무를 맡지 않게 되었다.

과도한 성과주의를 채택하지 않는다

토라이즈에서는 개인을 평가할 때 오로지 성과로만 판단하지 않는다. 다른 영어 회화 학원에서는 새롭게 유치한 고객 수나 담당하는 수강생 수가 직원의 평가와 직결되지만 토라이즈에서는 이 수치들이 사원 평가에서 절반 이하의 비율을 차지한다. 성과주의가 지나치면 역시 야근이 늘어나는 까닭이다. 고객 수를 늘려야만 높은 평가를 받는 시스템에서는 야근을 해서라도 자신의 실적을 올리려는 사람이 반드시 나온다.

그 대신 나는 경영인으로서 사원들이 개인의 실적보다 우선했으면 하는 임무와 가치를 다음과 같이 명문화했다.

- **Mission(임무): Beyond yourself** (자신을 뛰어넘어라).

- **Value(가치): Respect and learn from each other** (서로 존경하고 배우자).

사원들에게 이것이 우리 회사에서는 가장 중요하다고 다시 한 번 명확히 밝혔다. 이 또한 기대치를 조율하는 한 가지 방법이다. 회사가 수치만을 기대한다고 생각하면 개인은 무리해서라도 이를 달성하려 한다. 하지만 회사가 '수치보다 이것을 소중히 했으면 좋겠다'고 기대치를 확실히 전달하면 사원들이 과도하게 수치만을 좇으며 불필요한 작업을 늘리는 일이 없다.

조회 시간에
업무 부담을 나눈다

토라이즈의 본사와 각 센터에서는 매일 '조회'를 한다. 물론 어떤 과제나 문제가 있으면 이 시간에 서로 공유한다. 그리고 전 사원에게 그날의 업무량을 발표하게 하고 야근을 해야 할 것 같은 사람이 있으면 팀 내에서 그 사람의 일을 분배한다.

한 사원이 오늘은 상담이 계속 이어져 업무를 처리할 시간이 없다고 말하면 다른 사원이 '나는 오늘 오후에 1시간 정도 시간이 비니 대신 일을 맡겠다'며 손을 드는 식이다. 이는 토라이즈의 조회 시간에 매우 흔하게 볼 수 있는 광경이다.

왜 남의 일까지 솔선해서 하느냐며 놀라는 사람이 많은데 이는 기대치에 관한 이야기와도 밀접하게 연관되어 있다. 앞서 설명했듯이 토라이즈에서는 무엇보다 '서로 존중하고 배우자'라는 협력과 상부상조의 정신을 중요하게 여긴다. 개인의 실적이나 수치는 어디까지나 보조 지표다. 그러므로 당연히 사원들도 서로 도와야 한다고 생각한다.

누군가가 바쁠 때는 내가 돕고 내가 바쁠 때는 누군가에게 도움을 받는다. 이렇게 서로 도우면 조직 안에 바쁜 사람과 한가한 사람이 섞여 있지 않게 되고 '조직 전체가 가동률 100퍼센트'인 상태로 유지된다.

이것이 바로 조직의 시간을 낭비 없이 최대한으로 효율화한 상태다. 조회는 정례회의의 한 유형이므로 이는 시간 관리의 비법 '정례회의로 조직 전체를 앞으로 나아가게 한다'와 '다른 사람의 힘을 빌린다'를 조합한 기법이다.

시스템을 만들면
누구나 성과를 낼 수 있다

그 밖에도 컨설턴트들에게 다음의 사항을 실천하라고 당부했다.

- 잘 모를 때는 과거에 비슷한 수강생을 담당한 컨설턴트의 이야기를 듣고 성공 사례를 공유한다.
- 메일을 절대로 두 번 열어보지 않는다.
- 업무 포트폴리오는 1주일 단위로 짠다(예: 평일에 메일로 미처 관리하지 못한 수강생은 토요일 상담 시간에 직접 만나 부족한 부분을 지원할 것).

모두 소프트뱅크 근무 시절 손정의 곁에서 익힌 시간 관리법을 그대로 활용한 것이다. 그 결과 토라이즈는 '조직의 성장'과 '야근

제로'라는 두 마리 토끼를 잡는 데 성공했다. 이와 같이 앞서 소개한 시간 관리법을 실천하면 누구나 비슷한 성과를 낼 수 있으리라고 확신한다.

그럼 이후부터는 시간 관리 원칙에 따른 각 방법의 구체적인 실천법을 자세히 설명하겠다.

손정의의
시간 관리법

모두의 시간을 낭비하지 않는 법

1. 다른 사람보다 먼저 '권한'과 '정보'를 한데 모은다.
2. 기대치를 조율한다.
3. 정례회의를 설정한다.

시간을 낭비하지 않는 시스템의 주요 포인트

1. '검토 중'이란 말은 절대 금물!
2. 결론부터 말한다.
3. A4 한 장의 메모를 준비한다.
4. 결과물은 '명사형'과 '수치'로 정의한다.
5. 문제를 구조화한다.

야근 제로 시스템의 주요 포인트

1. '직원과 고객은 동등한 파트너'라는 사실을 명문화한다.
2. 과도한 성과주의를 채택하지 않는다.
3. 조회 시간에 업무 부담을 나눈다.

손정의에게 배우는 시간 관리

• 회의는 결론을 내는 자리임을 명심하고 항상 진검승부를 펼칠 것.
• "검토 중입니다" "그 안건은 회의가 끝나고 생각해보겠습니다"라는 말은 하지 말 것.

Part

3

15분씩
실행에 집중하라

이슈 리스트를 주간 일정에 반영하라

지금까지 소개한 시간 관리법을 실천하기 위한 몇 가지 포인트를 설명하겠다. 흔히 자기 계발서 등에서는 이루고 싶은 꿈을 적어서 벽에 붙이라는 식으로 조언하는데 이런 소극적인 행동만으로 정말 꿈을 이룬 사람은 결코 없을 것이다. 목표를 달성하려면 반드시 적극적으로 행동해야 하는 이유다.

'1년 후에는 영어로 말할 수 있었으면 좋겠다'라고 아무리 종이에 적어봤자 어떤 방법으로 1주일에 몇 시간을 공부할 것인지 정하고 매일 실행하지 않으면 이 목표는 절대로 이룰 수 없다. 즉, 1년 후나 10년 후에 꿈을 이룰 수 있을지는 결국 '이번 주 혹은 오늘 무엇을 할까?'라는 일정을 얼마나 실행하느냐에 달렸다.

시간 관리의 대원칙은 '이슈 리스트'와 '주간 일정'이란 두 가지 형식을 조합해 일정을 관리하고 행동으로 옮기는 것이다. 이슈 리스트는 계획을 실행하기 위한 필수 요소지만 이슈 리스트를 적기만 해서는 다음 행동을 일으키기 어려우므로 반드시 이슈를 주간 일정에 반영해야 한다.

이 규칙을 실천하는 포인트는 다음 다섯 가지다.

1. 이슈 리스트는 반드시 일정 수첩과 별도로 만든다.

2. 이슈 리스트의 서식은 무엇이든 좋다.

3. 이슈로부터 역산해 미팅을 잡는다.

4. 태스크 선별을 위한 첫 번째 미팅은 '최대한 일찍' 연다.

5. 경영 회의나 이사회의 권한이 필요한 일정은 이슈 리스트에 넣는다.

이슈 리스트는 반드시 일정 수첩과 별도로 만든다

가장 먼저 이슈 리스트를 만들어라. 이슈 리스트에 대해 다시 한 번 확인하고 싶은 사람은 앞서 설명한 46쪽의 그림을 참고하길 바란다. 우선 4분기를 기준으로 하여 '3개월 안에 해결해야 할 과제

116

들'을 적는다. 어디까지나 기준이므로 6개월이나 10개월 후의 이슈를 적어도 상관없다. 너무 어렵게 생각하지 말고 '이것을 하는 편이 좋겠다' '저것도 생각해둬야겠다' 등 머릿속에 맴도는 과제가 있다면 일단 무엇이든 적어보자.

일정 수첩에 적는 내용은 어디까지나 '확정된 태스크'다. 일정 관리의 원칙은 '몇 월 며칠 몇 시에 이 일을 하겠다'라고 결정해서 이제 실행만 남은 단계의 태스크를 적는 것이다(151쪽의 그림 참조).

한편, 이슈 리스트는 '미확정 과제'다. 문제의식으로서 머릿속에는 있으나 구체적으로 언제, 어떤 행동으로 옮겨야 할지는 아직 결정되지 않은 모호한 일들은 모두 이슈 리스트에 적는다. 그리고 이슈 리스트의 내용을 일정 수첩에 적으면 태스크가 된 이슈는 점점 사라져간다. 이처럼 '미확정'과 '확정'을 명확히 구분해서 관리하는 일이 중요하다.

일정 수첩과 이슈 리스트를 구분하지 않고 수첩 하나에 전부 적으면 '무엇이 미확정이고 무엇이 확정인지'가 불분명해져서 수습하기 어려워진다. 행동이 확정되지 않아 아직 실현하지 못한 과제를 일정 수첩에 적어서는 안 된다.

'할 수 있다면 좋겠다'라는 꿈이나 소망에 가까운 일을 적는 것도 옳지 않다. 약속 상대가 갑작스럽게 일정을 취소했다는 등의 어쩔 수 없는 일을 제외하고는 가능한 한 일정 수첩에는 '반드시 실현할 일'만 적는다. 실현하지 못한 일로 채워진 일정 수첩은 시간 관리 도구로서 기능하지 않는다.

일정 수첩에 적은 내용은 반드시 실현하는 것이 시간 관리의 중요한 철칙임을 기억하자.

이슈 리스트의 서식은 무엇이든 좋다

이슈 리스트의 서식이나 형식은 무엇이든 상관없다. 손정의는 손으로 직접 적었고 나는 워드로 작성한다. 더욱이 회사 밖에서 생각이 떠올랐을 때는 스마트폰에 메모를 하기도 하고, 이메일을 작성해 내 주소로 보내기도 한다. 아마 손정의도 지금은 손이 아닌 다른 도구를 사용해 이슈 리스트를 작성하지 않을까.

쉽게 말해 자기 머릿속에 든 문제의식을 밖으로 꺼내기만 하면 된다. 그리고 최종적으로는 모든 목록을 종이 한 장이나 워드 문서 한 페이지에 정리해야 한다. 시간이 있을 때 목록 전체를 바라보고 '이제부터 이 과제를 어떻게 일정에 반영할까?'를 생각하는 작업이 중요하기 때문이다.

하지만 이보다 더욱 중요한 작업은 이슈 리스트를 매일 갱신하는 것이다. 일의 우선순위는 항상 변하므로 이에 따라 검토해야 할 과제 또한 계속해서 바뀐다. 나도 이틀에 한 번은 이슈 리스트를 갱신한다. '우선순위는 계속 바꿔도 된다'고 말하는 손정의를 모방하여 이슈 리스트를 항상 새로이 하자.

이슈로부터 역산해
미팅을 잡는다

이슈 리스트를 일정 수첩에 반영해나가는 비법은 '미팅을 잡는 것'이다. 목록으로 만든 이슈로부터 역산해 그때마다 필요한 '권한'이나 '정보'를 한데 모으면 일은 척척 진행된다.

예를 들어, 이슈 리스트에 '내년 봄부터 새로운 인사 제도를 도입하고 싶다'는 이슈(과제)를 적었다고 하자. 그러면 120쪽의 그림과 같이 역산할 수 있다.

대략 이와 같은 일정을 짤 수 있는데 이로써 다음 주 미팅 날짜가 결정되면 주간 일정에 태스크로서 반영할 수 있다. 일정 수첩에는 '반드시 실현할 일'만 적혀 있으므로 이렇게 확정된 태스크를 계속해서 적고 실현해나가면 확실히 최종 목표 지점에 도달할 수 있다.

이슈 리스트를 일정 수첩에 반영하는 법 – 미팅 잡기

(예시) 이슈: 내년 봄부터 새로운 인사 제도를 도입하고 싶다.

내년 4월 1일에 새로운 제도를 도입하려면
그 전인 2월에 열리는 이사회에서 승인을 받아야 한다.

⬇

제도 설계를 외부의 인사 컨설팅 회사에 맡기면 6개월은 걸릴 테니
올해 8월에는 프로젝트를 시작해야 한다.

⬇

인사 컨설팅 회사는 입찰을 통해 선택하고 싶으니
7월 말까지 입찰 결과를 결정해야 한다.

⬇

7월 말에 발주처를 결정하려면
7월 초에는 컨설팅 회사로부터 제안을 받아야 한다.

⬇

한 달 전인 6월 10일경까지 우리 쪽에서 제안 요건을 제시해야 한다.

⬇

요건을 결정하는 데 필요한 정보가 없으므로
5월의 황금연휴 때까지 몇 군데 회사를 초청해 의견을 들어야 한다.

⬇ ⬇ ⬇

그럼, 다음 주 중에 3개사와 미팅을 하자.

첫 번째 미팅은
최대한 빠르게 잡는다

이슈를 일정에 반영할 때는 '태스크 선별'을 위한 첫 번째 미팅을 최대한 일찍 여는 것이 중요하다.

우선 '커다란 목표를 달성하기까지 얼마나 많은 태스크를 처리해야 하는가?'라는 전체 모습을 파악하지 않으면 목표로부터 역산해 '누가, 언제까지, 무엇을 할 것인가?'라는 일정이 결정되지 않는다. 이를 위해서는 일찌감치 필요한 정보를 지닌 사람을 모으고 미팅을 열어서 태스크를 선별해내야만 한다.

120쪽 그림에서 설명한 인사 제도의 예시에서는 컨설팅 회사와의 첫 번째 미팅이 태스크를 선별하는 자리가 된다. 이슈로부터 역산해 '대체로 이런 일정이 되겠다'라는 가설을 세웠다고 해도 이는 아직 확정되지 않은 일정이다.

확정된 내용은 '다음 주에 열리는 미팅 날짜'뿐이다. 이 첫 번째 미팅에서 인사 전문가인 컨설턴트에게 의견을 들으면 '이 밖에도 해야 할 태스크가 있다' '이 태스크는 생략해도 되겠다' 등의 새로운 정보를 얻을 수도 있다.

게다가 '프로젝트 기간은 5개월이면 충분하다' '입찰까지의 시간이 너무 짧다' 등 시간에 관한 정확한 정보까지 손에 넣을 수 있다. 이때는 새롭게 입수한 정보를 바탕으로 가설을 재검토하고 '프로젝트 시작일은 9월 1일로 한다' '입찰 시기는 8월 상순으로 변경한다'와 같은 식으로 조율하면서 구체적인 일정에 반영해나가면 확실하게 목표를 달성할 수 있다.

승인이 필요하면 경영 회의를 이슈 리스트에 넣는다

이슈로부터 역산해 일정에 반영할 때는 정보뿐 아니라 권한을 한데 모으는 일에도 유의해야 한다. 일반 회사에서도 이사회나 경영 회의에서 승인을 얻어야만 일이 순조롭게 진행되는 사례가 많다.

필요한 권한을 지닌 모든 사람이 참석하는 회의가 언제 열릴지 이미 결정되어 있다면 그 자리에서 한 방에 OK를 받을 수 있도록 회의일로부터 역산해 일정을 짜야 한다. 이런 경우에는 처음부터 이슈 리스트에 '9월 20일에 열리는 경영 회의 때 다음 회기의 영업 예산 승인을 받는다'라고 적어두자. 이렇게 하면 이 과제를 미루지 않고 역산해서 일찌감치 행동에 나설 수 있다.

일의 최소 단위는
15분이
가장 좋다

업무 일정은 '15분'을 최소 단위로 하여 짠다. 이것이 시간을 효율적으로 사용하는 비결이다. 처음부터 30분이나 1시간 단위로 계획을 세우면 불필요한 시간이 포함될 가능성이 있다. 본래 15분이나 45분 만에 끝날 일인데도 30분이나 1시간으로 일정을 잡으면 남은 15분을 낭비하게 된다. 그러므로 처음부터 큰 단위를 전제로 하지 말고 작은 시간을 기본 단위로 삼아서 한 태스크당 소요되는 최소 시간을 배분하는 것이 가장 좋다.

그렇다고 해서 5분이나 10분 단위는 너무 짧다. 아무리 단순한 태스크라도 컴퓨터를 켜거나 자료를 모으는 등의 준비 시간이 필요하므로 이를 고려했을 때 15분 이하는 최소 단위로서 비현실적이다.

15분 단위는 시간을 관리하기 쉽다는 이점도 있다. 15분을 1단위로 한다면, 2단위는 30분, 3단위는 45분, 4단위는 1시간이다. 그러면 '1시간을 어떻게 사용할까?'를 생각할 때도 여러 태스크를 조합하기 쉽다. 작업 중에 시계를 보며 시간을 확인할 때 역시 1단위마다 시곗바늘이 45도씩 이동하므로 시간의 경과가 한눈에 들어온다. 또 같은 이유에서 시간 관리에 사용하는 시계는 디지털이 아닌 아날로그를 추천한다.

게다가 인간이 쉬지 않고 한 가지 일에 집중하는 시간에는 한계가 있다. 오랜 시간 똑같은 작업을 계속해봤자 집중력이 고갈되어 작업 효율이 떨어진다. 그러므로 15분 단위로 일을 매듭지어 한 태스크당 최대한 짧은 단위로 시간을 배분해야만 하루 전체의 생산성이 확실하게 향상된다.

정말 1시간이 필요한지 의심해본다

많은 사람들이 1시간 단위로 업무 일정을 짠다. 짧아도 고작 30분 단위일 것이다. 그러나 곰곰이 생각해보면 1시간이나 30분으로 일정을 짤 이유는 전혀 없다. 회사에서 회의 일정을 1시간으로 잡는 경우가 많은데 정말로 '이 회의에 1시간이나 필요할까' 생각해볼 필요가 있다.

권한과 정보를 한데 모으면 그 자리에서 바로 결론이 난다. 손정의의 말을 빌리면, 분명 '10초' 안에 의사를 결정할 수 있다. 나 역시 외부 고문으로서 일본의 기업이나 공적 기관의 회의에 여러 번 참석했는데, 높으신 분의 인사나 두꺼운 자료집 낭독과 같은 비생산적인 행위에 시간을 소비하는 회의가 대부분이었다.

하지만 회의의 목적은 어디까지나 '결론'을 내는 데 있다. 이 목적만 달성하면 회의는 끝이다. 회의 시간은 최소 '1시간'이어야 한다고 확신하기 때문에 '시간도 있고 하니, 추가로 이 슬라이드라도 보여주면서 설명해야겠다' 등의 불필요한 행동을 하고 싶어지는 것이다.

결론을 내는 데만 집중하면 15분이나 30분 안에 끝나는 회의도 얼마든지 있다. 이처럼 '이 작업에는 1시간이 소요된다'라는 생각은 대체로 단순한 믿음이나 습관일 뿐이다. 지금까지 습관적으로 1시간 단위로 짰던 일도 '정말 이만큼의 시간이 필요할까?' 의심해보길 바란다.

1시간을 더욱 효과적으로 사용할 수 있다!

1시간 동안의 계획

최소 단위는 15분,
시계는 아날로그가 좋다.

회의의 상세 내용

그 작업이 정말 1시간이나
필요한지 의심해본다.

손정의의
시간 관리법

평균 작업 시간을 파악한다

군더더기 없이 일정을 짜려면 자신의 '평균 작업 시간'을 알아야 한다. 하나의 태스크당 시간이 얼마만큼 소요되는지를 파악하면 쓸데없는 시간이 포함되지 않은 최소한의 시간으로 계획을 세울 수 있다.

한 가지 예로, 내가 원고를 작성할 때의 평균 작업 시간은 '1시간에 1200자'다. 15분 단위로 환산하면 '300자'가 된다. 따라서 1000자짜리 원고를 의뢰받았을 때는 원고 작성 시간을 45분으로 잡는다. 45분에 900자이므로 1000자에는 조금 못 미치지만 어디까지나 '평균' 작업 시간이므로 반드시 45분 안에 끝내겠다는 전제로 계획을 세우면 집중력과 속도가 향상되어 45분간 1000자를 쓸 수 있다.

그러나 아무 생각 없이 '1시간 정도 걸릴 것 같다'는 식의 대략적인 감각으로 계획을 세우면 본래 45분에 끝날 작업을 게으름을 피우며 1시간 동안 하게 된다.

이처럼 자신의 평균 작업 시간을 알면 작업 하나하나를 최소 시간 안에 처리할 수 있다.

한계 작업 시간을 파악한다

또 하나 알아둬야 할 점이 자신의 '한계 작업 시간'이다. 이는 '한 가지 작업을 얼마나 오래할 수 있는가?'를 뜻한다.

앞서 설명했듯이, 사람이 한 가지 일에 집중하는 시간에는 한계가 있다. 예를 들면, 원고를 작성할 때의 내 한계 작업 시간은 2시간이다. 이 이상 계속 쓰려고 해도 뇌가 피로해진 탓에 아무리 노력해봤자 문장이 떠오르지 않는다. 즉, 한계 작업 시간을 넘으면 인간의 작업 효율은 현저히 떨어진다. 아무리 내가 1시간에 1200자를 쓸 수 있다고 해도 '오늘은 꼬박 4시간 동안 써서 5000자를 채워야지!'라는 계획은 효율적이지 않다. 시간의 사용법을 생각할 때는 항상 비용 대비 효과를 고려해야 한다.

'한계 효용 체감의 법칙'이란 경제학 용어가 있다. '양이 증가할수록 단위당 효용은 점차 감소한다'는 법칙이다. 자사 상품을 인터넷에 광고했더니 표시 횟수가 100만 회일 때까지는 상품 구매자 수가 증가했다. 그럼 표시 횟수를 두 배로 늘리면 상품 구매자 수가 두 배로 늘까? 그렇지 않다. 비즈니스에서 이와 같은 일은 매우 흔하다.

양을 늘릴수록 효과가 커지는 것이 아니라 어느 시점에서 반드시 정점을 찍는다는 이 법칙은 개인 업무에도 적용된다. 업무에

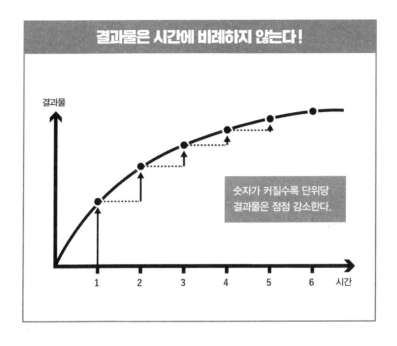

결과물은 시간에 비례하지 않는다!

결과물

숫자가 커질수록 단위당
결과물은 점점 감소한다.

1   2   3   4   5   6   시간

들이는 시간을 늘린다고 해서 무조건 효율성이 높아지지 않고, 어느 시점에서 반드시 단위(15분)당 작업 효율이 떨어지기 시작한다.

성실한 사람일수록 조금만 더 생각하면 훨씬 좋은 아이디어가 떠오르리란 생각에 무한정 작업 시간을 늘리기 쉽다. 그러나 손정의가 '10초 이상 생각하지 말라'고 했듯이 시간을 들이면 좋은 결과가 나온다는 생각은 순전히 환상일 뿐이다. 한계 작업 시간이 지났다면 다른 업무로 전환해 머리와 마음을 새로이 하고 단위당 효용이 높은 상태를 유지해야만 분명 더 나은 성과를 올릴 수 있

다. 따라서 중간에 점심시간이나 휴식 시간을 넣어도 좋다.

자신의 한계 작업 시간을 초과한 장시간 계획을 세우지 않는 것이 업무 효율을 최대화하는 비결임을 기억하자.

최대한 장소를 옮기지 않는다

이동 시간을 최대한 줄이는 것 또한 시간을 낭비하지 않는 비결이다. 이동 중에는 생산성이 제로이므로 업무 효율을 고려했을 때 이보다 더 아까운 것도 없다.

고객과 사전 미팅을 하거나 먼 곳에서 열리는 회의에 참석할 때도 '정말 일부러 만나러 갈 필요가 있을까?' 생각해보길 바란다. 직접 얼굴을 마주하는 것에 의미가 있다고 생각할지 모르나 오늘날에는 서로 떨어져 있어도 얼굴을 보며 커뮤니케이션할 수 있는 수단이 얼마든지 있다.

간편한 수단으로는 '스카이프Skype'가 있고, 어느 정도의 인원이 모여 회의를 하기에 편리한 수단으로는 온라인 화상 회의 시스템 '줌Zoom'이 있다. 토라이즈에서도 도쿄, 가나가와, 오사카에 있는 각 센터의 책임자가 모두 모여서 회의할 때는 줌을 활용한다.

컴퓨터나 태블릿PC만 있으면 어디서든 회의에 참석할 수 있고, 최대 100명까지 동시에 접속이 가능한데다가 영상과 음성의 품질까지 높다. 물론 접속 또한 안정적이다. 게다가 화이트보드를 공유하는 기능이 있어서 그 자리에서 문자나 그림을 삽입하며 토론할 수 있으므로 직접 만나 회의하는 것과 크게 다르지 않다.

스카이프는 계정을 만들어야 이용할 수 있지만 줌은 참석을 요청하고 싶은 사람에게 초대 URL을 보내고 그 사람이 클릭하기만 하면 외부인이나 고객이 간단히 회의에 참석할 수 있다는 장점도 있다. 덕분에 토라이즈에서는 직원들이 불필요하게 이동하지 않는다.

요즘에는 무료 또는 저렴한 가격으로 이용할 수 있는 편리한 도구가 많으므로 이 도구들을 최대한 활용해 어떻게 이동 시간을 최대한 줄일 수 있을지 고민하자.

회의에도 우선순위를 정해야 한다

회의는 반드시 처음부터 끝까지 참석해야만 할까? 그렇지 않다. 정보와 권한을 지닌 사람만 모인다면 극단적으로 말해 주최자나 진행자가 없어도 결론을 낼 수 있다.

소프트뱅크에 다니던 시절 내가 몇 가지 안건에서 프로젝트 매니저를 겸임했을 무렵에는 처음과 마지막의 15분 정도만 참석하는 회의도 많았다. 회의를 시작할 때 얼굴을 내밀고 참석자들에게 '이 회의의 지향점과 반드시 내야 할 결론'을 전달한 뒤 자리에서 일어나 다른 회의실로 이동한다. 그리고 회의가 끝나기 15분쯤 전에 다시 첫 번째 회의실로 돌아가 원하는 결과가 나왔는지를 확인한다. 결론만 나온다면 회의의 목적은 달성된 셈이다.

자세한 논의 내용을 알고 싶을 때는 나중에 회의록을 읽으면 된다. 만일 프로젝트 매니저로서 의견이 있다면 회의가 시작됐을 때 '나는 이렇게 생각한다'고 한마디만 해도 충분하다. 어찌 됐든 그 의제에 관한 권한과 정보를 지닌 사람만 한자리에 모으면 그 후에는 바람직한 방향으로 결론이 난다.

이렇게 15분씩 회의실을 돌면 1시간에 4개의 회의에 참석한 것과 같은 생산성을 올릴 수 있다. 실제로 내가 가장 바빴을 때는 1시간에 회의 서너 군데에 얼굴을 내미는 일도 흔했다. 물론 이는 상황에 따라 다르겠지만 관리자쯤 되는 사람이라면 모든 회의에 계속 자리를 지키고 있지 않아도 성과를 낼 수 있다는 사실을 기억하기 바란다.

겨우 15분만 참석하는 회의도 많았다고 이야기했지만 물론 예외도 있다. 프로젝트가 갓 출범했다거나 해결하기 어려운 문제가 있을 때는 더 오랜 시간 자리를 지켰다. 특히 프로젝트가 시작된 직후에는 멤버의 역할 분담이 불분명하며, 때로는 소프트뱅크식 업무 진행 방식에 익숙하지 않은 사람이 포함되어 있기도 하다. 해결하기 어려운 의제일 때는 프로젝트 매니저인 내가 스스로 논점을 정리하면서 결론까지 유도해야 했다. 따라서 이때는 참석하는 시간을 15분이 아니라 30분으로 늘리기도 했고, 처음부터 끝까지 회의에 참석하기도 했다.

오늘의 회의가 중요한 '마일스톤'이 된다고 판단했다면 일부러 시간을 늘려야만 회의의 생산성이 높아지는 것이다. 즉, 회의에도 우선순위를 정해야 한다. 업무 양상이나 진척 상황에 따라서 우선순위를 판단하고 '이 회의는 처음 15분만 참석해도 되겠다' '이 회의는 마지막까지 참석해야겠다'는 식으로 회의 일정을 유연하게 짜길 바란다.

매일 아침
태스크 시간을 배분한다

하루의 계획은 그날 아침에 세우자. 아침에 오늘 처리해야 할 작업량은 어느 정도이며, 각 태스크에 얼마만큼의 시간을 사용할지를 하루 일정에 넣는다.

- 9시 15분 ~ 30분: 메일 처리
- 9시 30분 ~ 10시: 회의용 자료 초안 작성
- 10시 ~ 10시 30분: 자료에 사용할 도판 작성
- 10시 30분 ~ 10시 45분: 고객 A와 전화로 사전 미팅
- 10시 45분 ~ 11시: 고객 B와 전화로 사전 미팅

이처럼 태스크별로 작업의 시작과 종료 시각을 명확하게 설정하고 하루 일정을 채워나간다. 그날의 전체 시간을 어떻게 사용할지를 구조화하는 것이 시간 낭비를 막는 중요한 포인트다. 전체 구조를 파악하지 않은 채 눈앞에 닥친 일을 아무 생각 없이 순서대로 처리해나가면 업무 효율은 물론 품질까지 떨어지게 된다.

오늘 끝내야 할 태스크가 10개 있고 일단 첫 번째 일부터 처리하기로 했다고 하자. 대부분 처음에는 아직 시간이 많아 보이므로 첫 번째나 두 번째 일은 시간과 정성을 들여 느긋하게 작업한다. 그런데 오후가 되어 문득 정신을 차려보면 아직 다섯 번째 일밖에 끝내지 않았는데도 이미 퇴근 시간이 코앞이다. 그래서 여섯 번째 일까지는 서둘러 진행하지만 퇴근 시간이 되어서도 일이 끝나지

않아 야근에 돌입한다. 게다가 서둘러 작업하느라 후반 작업의 결과물에 누락과 오류가 발생하는 바람에 결국 다음 날에 다시 작업한다…. 우리 주변에서 이와 같은 일은 생각보다 흔하게 일어난다.

반면, 아침에 하루의 계획을 세우면 태스크별로 적절한 시간을 배분할 수 있다.

'오전에는 3시간 안에 끝내야 할 일이 5개이니 한 건당 30분씩 배분하자. 오후에는 5시간 안에 끝내야 할 일이 8개이니 이 두 건은 15분씩, 이 네 건은 30분씩, 나머지 세 건은 45분씩 배분하면 제시간에 전부 끝나겠다.'

이렇게 하루의 시간 배분을 내다보고 태스크별로 마감 시한을 설정하면 늦장 부릴 일이 없다. 계획대로 일을 하나씩 처리해나가면 퇴근 전에 일이 끝난다. 게다가 완성도가 균일하지 않은 문제 즉, 처음에는 정성스럽게 작업해 품질이 높지만 나중에 한 작업은 대충 해서 품질이 낮아지는 문제 등도 방지할 수 있다.

어렵거나 귀찮은 일일수록
잘게 쪼개라

일을 최대한 잘게 쪼개면 더 정확하게 시간을 배분할 수 있다. 나는 '자료 작성에 1시간'이란 큰 틀을 설정하는 것은 물론 '이 자료는 네 가지 항목으로 구성할 생각이니 한 항목당 15분 안에 정리한다'라고 보다 자세히 설정한다. 그러면 항목1과 항목2에 생각보다 많은 시간이 걸려 1시간 안에 항목4까지 도달하지 못하는 상황이 발생하지 않는다.

물론 '15분 안에 생각이 정리되지 않으면 어쩌지?' 이렇게 생각하는 사람도 있을지 모른다. 그러나 실제로 '한 항목당 1시간 쯤 걸려도 괜찮다'라는 말을 들어도 괜찮은 아이디어는 좀처럼 떠오르지 않는다.

애초에 손정의가 말했듯이 원칙은 '10초 이상 생각하지 않는 것'이다. 만일 자료를 만드는 손이 멈춰버렸다면 스스로 생각하지 말고 옆자리에 앉은 상사 또는 선배에게 조언을 구하거나 인터넷에서 동일한 자료 작성 사례를 조사하는 등 작업을 진척시키기 위한 행동에 나서야 한다. 이 또한 15분이라는 마감 시한을 설정한 덕분에 '다음에는 어떻게 해야 할까?'를 생각하고 즉시 행동으로 옮길 수 있는 것이다.

시간이 걸릴 것 같거나 수고스러워 보이는 작업도 잘게 쪼개면 착실하게 앞으로 나아간다.

'보고서 정리는 귀찮아서 하고 싶지 않아.' 이런 생각으로 계속 의욕이 낮은 상태라면 일에 착수하기까지 시간이 걸리며 작업을 시작한 후에도 효율이 오르지 않는다.

하지만 일단 30분 안에 초안을 작성해본다거나 15분 안에 목차를 생각해본다 등의 간단한 업무라면 이 정도는 금방 끝낼 수 있을 것 같다는 생각이 든다. 이런 식으로 업무를 잘게 쪼개어 하나씩 처리해나가면 간단한 업무를 반복하기만 해도 어렵게 느껴졌던 보고서를 작성할 수 있다.

프랑스의 철학자 데카르트는 이렇게 말했다.

"어려운 일은 나눠서 해결하라(Divide each difficulty into as many parts as is feasible and necessary to resolve it)!"

규모가 크고 귀찮은 작업일수록 잘게 쪼개서 하나씩 해결해나가는 것이 신속하게 일을 추진해나가는 비결이다.

여유 시간은 넣지 않는다

손정의는 물론 나 역시 하루 일정에 여유 시간을 넣지 않는다. 예비 시간을 설정하지 않고 하루의 시간을 통째로 사용한다. 일의 우선순위를 정해 '오늘 해야 할 일'이 명확해졌다면 이제 남은 문제는 '이 일을 얼마나 효율적으로 끝낼 것인가'이다.

해도 해도 일이 끝나지 않는다며 틈날 때마다 휴식을 취한다면 하루의 가동률은 계속해서 떨어질 뿐이다. 회사원의 노동 시간을 하루 8시간이라고 한다면 30분 정도 여유를 부리기만 해도 5퍼센트가 넘는 시간이 낭비된다. 45분이라면 무려 약 10퍼센트다. 이래서는 낭비되는 시간이 너무 많다.

자신의 평균 작업 시간을 파악해두면 대개 예비 시간은 필요하지 않다. 시간의 가동률은 항상 '100퍼센트'여야 한다는 사실을 기억하길 바란다.

남은 시간은 멍하게 보내라

간단한 태스크에 집중해서 한 번에 일을 끝마치는 습관이 생기면 예정 시간보다 일찍 일을 끝마치게 될 때가 있다. 이때는 다음 태스크를 시작할 때까지 멍하게 있어도 괜찮다.

의아하게 생각할지 모르나 나 역시 예상치 못한 여유 시간이 생기면 잠깐 바람을 쐬러 회사 옥상에 올라가기도 하고 간식을 사러 근처 편의점에 가기도 한다. 여유 시간을 넣지 않고 하루의 일정을 통째로 사용하는 것이 대전제지만 그렇다고 해서 휴식 시간 없이 몇 시간이고 계속해서 집중력을 유지하기란 사실상 불가능하다. 그러므로 1분이나 2분의 자투리 시간은 업무 전환하기에 딱 좋은 시간이라고 생각하고 휴식을 취하거나 커피를 마셔도 괜찮다. 그 대신 다음 태스크를 시작할 때가 되면 즉시 집중해서 또다시 일을 끝마쳐야 한다. 이를 반복하면 집중력을 유지한 채 어떤 일이든 효율적으로 처리할 수 있다.

손정의도 업무 전환 시간을 기가 막히게 만들었다. 점심 식사 후 작업 효율이 떨어지기 쉬운 시간대에는 자주 나를 포함한 부하 직원들과 함께 회사 근처를 30분 정도 산책했다. 아마도 기분 전환을 하기 위해 잡담을 하며 몸을 움직였던 것이 아닐까 싶다. 그리고 회사에 돌아와서는 또다시 맹렬하게 업무에 몰두했다. 이렇듯 손정의도 일할 때는 확실히 일하고 쉴 때는 확실히 쉬었다.

중요한 것은 일을 한 시간이 아니라 결과물의 양이다. 오늘 하겠다고 정한 일에서 성과를 냈다면 남은 시간을 어떻게 사용할지는 개인의 자유다. 내가 운영하고 있는 토라이즈에서는 예정된 시간보다 일찍 그날의 결과물을 내기만 하면 퇴근 시간 전이라도 퇴근해도 괜찮다고 컨설턴트들에게 전달했을 정도다.

부디 당신도 '몇 시간 일했는가?'보다는 '얼마만큼의 결과물을 냈는가?'에 초점을 맞춰 업무 수행 방식을 재검토하기 바란다. 이렇게 하면 결과적으로 시간을 낭비하지 않고 효율적으로 사용할 수 있다.

이슈와 주간 일정을 조합하는 주요 포인트

1. 이슈 리스트는 별도로 만든다.
2. 이슈 리스트의 형식은 자유다.
3. 이슈로부터 역산해 미팅을 잡는다.
4. 첫 번째 미팅은 최대한 일찍 연다.
5. 중역이나 임원 회의는 이슈 리스트에 넣는다.

업무 시간을 쪼개는 주요 포인트

1. 일의 최소 단위는 15분이 가장 좋다.
2. 그 일이 정말 1시간이나 필요한지 검증한다.
3. 자신의 평균 작업 시간을 파악한다.
4. 자신의 한계 작업 시간을 파악한다.
5. 매일 아침 태스크별로 시간을 배분한다.
6. 어렵거나 규모가 큰 일은 잘게 쪼갠다.
7. 여유 시간은 넣지 않는다.
8. 일을 일찍 끝마쳤다면 남은 시간은 멍하게 있어도 괜찮다.

손정의에게 배우는 시간 관리

- 점심 식사를 하고 나서 또는 작업 효율이 떨어지기 쉬운 시간대에는 자주 직원들과 함께 회사 근처를 30분 정도 산책했다.

Part
4

1주일 단위로
관리해야 보인다

1주일 안에
끝내지 않으면
미루게 된다

일을 확실하게 끝마치기 위한 대원칙은 일정을 '1주일' 단위로 짜는 것이다. 눈앞에 있는 태스크를 다음 주나 다다음 주 일정에 넣어서는 안 된다. 태스크를 전부 이번 주 일정에 넣고 1주일 안에 다 끝내기 바란다. 그리고 다음 주가 되면 다시 새롭게 1주일 일정을 짠다. 이런 식의 '주간화'야말로 일을 신속하게 처리하는 열쇠다.

일정을 2주 이상으로 나누면 반드시 미루게 되는 이유도 여기에 있다. '다음 주까지 하라'는 말을 듣고 오늘 바로 시작하는 사람은 없다. 오늘은커녕 이번 주 안에도 시작하지 않는다. '아직 시간상으로 여유가 있으니 나중에 해야지' 생각하고 미루게 되는 것이다. 그러는 사이에 할 일을 까맣게 잊어버리기도 한다. 다행히 마감 시한 직전에 기억해냈다고 해도 시간이 모자라 제시간에 끝내지 못할 가능성이 크다. 따라서 자신의 일뿐 아니라 다른 사람의 일정을 조율하기 위해서라도 1주일 단위로 마감 시한을 설정해야 한다.

"다음 주까지 부탁해요"라는 말은 금물이다. 반드시 이번 주 중으로 날짜를 지정하자.

주간화해야
속도가 올라간다

애초에 큰 숫자를 관리하는 일은 인간의 본성에 맞지 않는다. 10일이나 20일이란 긴 일수 안에서는 시간을 낭비하지 않고 일정을 짜기 어렵다. 앞서 이야기했듯이 인간이 관리할 수 있는 숫자는 최대 '7'이다(34쪽 참조). 이러한 사실을 잘 보여주는 '마법의 숫자 7'이란 유명한 법칙이 있다. 이는 '인간이 단기간 기억할 수 있는 용량은 7개 전후'라는 미국의 심리학자가 발견한 법칙이다.

예를 들어 책상 위에 동전을 흩뿌렸을 때 보통 사람이 순간적으로 인식하는 개수는 고작 7개까지라는 뜻이다. 경영학에서도 상사 한 명이 관리할 수 있는 부하직원의 수는 7명까지라는 '관리의 폭span of control 이론'이 잘 알려져 있다. 요컨대 7을 넘는 숫자는 인간이 관리하기 어렵다는 뜻이다.

성서에 '신이 6일간 세상을 창조하고 7일째에 휴식을 취했다'라고 쓰여 있는 까닭은 이것이 인간에게 있어서 태고부터 변하지 않은 보편적인 시간 관리법이기 때문이 아닐까. 따라서 일정 관리 또한 '1주일 단위'로 매듭짓는 방법이 최선이자 누구나 확실하게 일을 끝마치는 비법이다.

1주일 안에 여유 시간을 넣는다

앞서 '하루 일정에 시간적 여유를 넣지 말라'고 조언했다. 하지만 이는 어디까지나 1일 단위일 때의 이야기다. '1주일 단위' 안에는 반드시 여유 시간을 넣어야 한다.

예를 들어 '1주일에 20시간씩 자격증 공부를 한다'는 목표를 세웠다면 하루의 공부 시간은 7일이 아니라 6일로 나눠서 설정하자. 즉, 월요일부터 토요일은 공부 시간을 '1일 3시간 30분'으로 하여 일정을 짜고, 일요일은 여유 시간으로 비워둔다. 이렇게 하면 평일에 갑작스럽게 일이나 약속이 생겨서 아무리 노력해도 20시간을 채우지 못했을 때 부족한 분량을 일요일에 보충함으로써 1주일간의 목표 시간을 채울 수 있다.

이렇듯 1주일 안에서 과부족을 채우는 것이 가장 자연스러운 시간 관리법이다. 업무 역시 1주일 단위라면 여유 시간을 활용하기 좋다.

나는 매주 월요일 오후를 여유 시간으로 비워둔다. 토라이즈의 컨설턴트는 화요일부터 토요일까지 교대 근무제로 일하기 때문에 화요일부터 금요일까지 내 일정은 사내 회의나 미팅으로 가득 차 있다. 반면 월요일에는 사내에서 처리해야 할 일반적인 업무를 거의 넣지 않는다. 이러한 까닭에 월요일 오후를 자유 시간으로 비워두고 갑작스럽게 들어온 일회성 업무들을 월요일 오후 일정에 넣기도 한다. 신문·잡지 등 언론사 취재에 응하거나 출판 또는 강연 의뢰를 해온 외부 사람과의 미팅도 보통 월요일 오후에 한다.

내가 가장 우선해야 할 업무는 어디까지나 회사와 관련된 비즈니스이므로 한 주의 대부분을 일회성 태스크로 채우는 것은 본말전도다. 하지만 월요일 오후를 여유 시간으로 정해두면 그 틀 안에서 조정할 수 있으므로 화요일부터 금요일까지는 사내의 일반 업무에 전념할 수 있다.

이를테면 영업을 담당하는 사람이라도 1주일에 하루는 보고서 작성 등의 사무 업무를 처리하는 날로 비워두면 일정을 관리하기가 훨씬 수월해진다. 여유 시간에는 계획대로 서류를 작성해도 좋고 4일간 미처 처리하지 못한 고객의 안건을 처리하는 데 사용해도 괜찮다. 1주일에 단 하루의 여유 시간으로 한 주의 일정을 확실하게 끝낼 수 있다.

하루의 결과를
수치로 기록한다

일의 본질은 결과물을 내는 데 있다. 아무리 밤늦게까지 야근을 해도 회사나 고객의 요구에 맞는 결과물을 내놓지 못하면 일한 의미가 없다. 그러므로 시간의 사용법뿐 아니라 하루하루의 결과물 또한 수첩으로 관리해야 한다.

 PART2에서 이야기했듯이 결과물을 날마다 수치로 정의하는 작업이 중요하다. 목표 수치를 달성한 날에는 수첩에 O, 달성하지 못한 날에는 X를 표시한다(151쪽의 수첩 그림 참고). 즉, '오늘의 나는 성공했는가 아니면 실패했는가'를 한눈에 보이는 형태로 표현한다. 오늘의 결과를 강하게 의식해야만 '내일은 어떻게 해야 더 나은 결과물을 낼 수 있을까?'를 생각하고 PDCA 주기를 빠르게 돌릴 수 있다. 이렇듯 소소한 목표를 매일 확실하게 달성해나가는 것이 결과적으로 커다란 목표에 가장 빨리 도달하는 유일한 방법이다.

소소한 목표를 확실하게 달성하려면 우선 하루의 결과물을 수치로 정의해야 한다. 많은 회사에서 조직과 개인의 목표를 월간이나 주간으로 설정하는데 이를 잘게 쪼개 하루의 목표를 정하자.

한 가지 예로, 내 목표 수치 중에는 토라이즈의 신규 가입 고객 수가 있다. 이번 달 목표가 '고객 300명 유치하기'라면 300명을 영업 일수인 20일로 나눠서 결과물을 '하루에 고객 15명 유치하기'로 정의한다. 이러한 목표의 달성 여부를 매일 기록하고 만일 수첩에 X표시를 해야하는 날이 있으면 달성하지 못한 이유가 무엇인지를 생각해본다.

'이번 캠페인은 내용을 이해하기 힘들었을 것 같다.'

'새로운 서비스의 요금 체계가 너무 복잡했을지도 모른다.'

이런 가설을 세우고 현장 직원에게 고객의 동향에 관해 묻거나 고객 설문 결과를 검증하는 등의 개선안을 고민해본다. 그 결과, 역시 캠페인에 문제가 있었다고 판단되면 이번 캠페인은 바로 종료하고 새로운 캠페인 계획을 세우는 등의 방안을 즉시 다음 행동으로 옮긴다. 이처럼 매일 실시간으로 고속 PDCA 주기를 돌리면 1일 단위에서는 X인 날이 있더라도 1개월의 목표는 확실히 달성

확정된 태스크를 실행하는 일정 수첩 작성법

'1년 안에 비즈니스 영어 완벽히 구사하기'가 목표(이슈)인 어느 회사원의 예

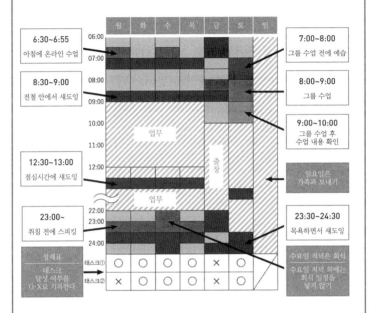

포인트는 '배분'과 '태스크' 그리고 '성패표'

수첩으로 하루의 일정을 관리할 때 중요한 점 두 가지는 먼저 1주일 안에서 시간 배분을 먼저 정하는 것이다. 물론 업무 안에서 '자료 정리' '일지 작성'과 같이 해야 할 일을 세분화해도 괜찮다. 다른 하나는 수첩에 '태스크=실행하기로 결정된 과제'를 적고 반드시 실행하려고 노력하는 것이다. 여백에는 태스크의 실행 여부를 표시하는 '성패표'를 만들자. 성패표를 시각화하면 O가 많을 때 성취감을 얻을 수 있고, 반대로 X가 많을 때는 그 원인을 분석하는 등 반성의 재료로도 활용할 수 있다.

할 수 있다.

만일 월간 결과물만을 정의해서 한 달에 한 번밖에 결과를 검증하지 않는다면 개선 속도는 계속 늦어질 수밖에 없다. 현재의 방식이 잘못됐다는 사실을 깨닫지 못한 채 한 달간 똑같은 일을 계속하다가 월말이 돼서야 비로소 이번 달에는 '실패'했다는 사실을 깨닫게 되기 때문이다. 그제야 개선안을 생각하고 다음 달에 실행해보지만 지난달과는 현장이나 고객의 상황이 변해버려 아무런 효과가 없고 결국 다음 달에도 실패하게 된다. 이런 식으로 모든 일에서 뒤처지게 되는 것이다.

오늘날처럼 격변하는 비즈니스 환경에서는 고객과 이용자가 무려 한 달이나 기다려주지 않는다. 그러므로 그날그날의 수치를 수첩에 O·X로 기록하고 항상 더 나은 방식은 없는지 생각하는 습관을 들여야 한다.

규모를 확대해야 성장한다

하루하루의 수치를 검증할 때는 주의해야 할 점이 있다. 바로 축소 균형이 아닌 '확대 균형'으로 개선안을 생각하는 것이다.

예를 들어, 목표로 했던 수익이 나지 않은 경우 흔히 '매출이 좀처럼 오르지 않으니 비용을 삭감해서 수익을 늘리자'와 같은 결론을 내리기 쉽다. 확실히 '매출 − 비용 = 수익'이므로 비용을 삭감하면 눈앞의 수익 목표는 달성할 수 있을지 모른다. 하지만 이래서는 비즈니스가 축소될 뿐이다.

모든 경제 활동의 전제는 확대 균형이다. 매출, 수익, 비용 등 각각의 요소들을 균형 잡으면서 전체 규모를 확대해나가지 않으면 회사와 사업 모두 성장시키기 어렵다. 이때는 어디까지나 매출 늘리기를 전제로 수익 확대를 꾀해야 한다. 비용을 삭감하지 않고 오히려 판촉비를 추가해서 대규모 캠페인을 전개하거나 인건비를 확충해 우수한 판매 직원을 채용함으로써 매출을 크게 늘릴 수도 있다. 비용을 추가해도 그 이상으로 매출 상승 폭이 커지면 수익은 커지기 마련이다.

모든 일을 항상 확대 균형으로 생각한다면 최단 기간에 커다란 목표를 달성할 수 있다. 개인 업무도 마찬가지다. '어차피 이번 달 매출은 더 이상 늘지 않는다'며 포기해버리면 거기서 끝이다. 하지만 수치 늘리기를 전제로 생각하면 반드시 좋은 개선안을 찾을 수 있다. 따라서 하루의 결과는 부디 '확대 균형'을 토대로 검증하길 바란다.

잘게 쪼개면
병목 지점이 보인다

확대 균형을 전제로 하여 올바른 문제 해결책을 찾기 위해서는 전체 흐름을 토대로 병목bottle neck을 발견해내는 작업이 중요하다. 개선했을 때 전체 수치까지 개선되는 부분이 반드시 있으므로 이 포인트를 제거하면 모든 일이 단숨에 진행돼 목표를 빠르게 달성할 수 있다.

개인 업무 또한 일이 제대로 풀리지 않을 때는 목표 달성을 저해하는 근본 요인이 분명 어딘가에 숨어 있기 마련이다. 이 근본 요인을 찾아서 제거하지 않는 한 아무리 임시방편적인 숫자로 목표치를 채워보려고 해도 큰 성과를 올리기 어렵다.

예를 들면, 영업 업무의 경우에도 약속은 매일같이 많이 잡혀 있고 분명 상대편 담당자와도 만났는데 성약 건수가 목표치에 도달하지 못하는 사례는 매우 흔하다. 약속 건수를 늘렸는데도 성약 건수가 늘지 않았다면 분명 다른 곳에 개선이 필요한 병목이 있다는 말이다.

이럴 때는 우선 다음과 같이 업무의 흐름을 과정으로 잘게 나눠 보는 것이 좋다.

- 약속 → 첫 번째 방문 → 자사 쇼룸으로 안내해서 상품 시연하기 → 구매 신청 → 계약

한 달간의 성약 건수 수치를 검토해본 결과 과정별 달성 건수는 다음과 같았다.

- 50건→48건→32건→10건→5건

여기에서 우리는 '상품 시연 → 구매 신청'의 흐름에서 달성 건수 즉, 신청 건수가 크게 떨어진다는 점을 알 수 있다. 약속에서 상품 시연까지는 순조로운데 신청으로 이어지지는 않았으므로 이 부분을 병목으로 추측할 수 있다. 병목을 파악했으니 그다음은 상품 시연회에 온 손님을 구매 신청으로 이어지게 할 개선안을 생각하면 된다. 상품 시연을 할 때 보다 이해하기 쉬운 말로 설명한다거나 기술 담당자를 동석하도록 해 신뢰도를 높이는 등의 아이디어를 얼마든지 떠올릴 수 있다.

이후에는 이 아이디어들을 신속하게 시험해보고 결과를 수치로 확인하면서 고속으로 PDCA 주기를 돌린다면 월간 성약 건수도 반드시 목표치에 도달할 수 있다. 약속 건수를 늘리기 위해 야근까지 해가며 전화기를 계속 붙잡고 있는 불필요한 노력에 시간을

소비할 필요도 없다.

　이렇듯 병목을 찾아내는 작업은 '해야 할 일'과 '하지 않아도 될 일'의 태스크를 명확하게 분리하고 일정을 효율화하기 위한 중요한 포인트다.

손정의의
시간 관리법

24시간 안에 인생의 포트폴리오를 배치하라

앞서 이야기했듯이 일정 관리에 사용하는 수첩은 '주간 계획표 양식'이 가장 좋다. 다만 수첩을 고를 때 주의해야 할 점이 있다. 바로 하루의 시간 축이 '24시간'인 제품을 골라야 한다는 점이다.

수첩 중에는 간혹 아침 8시경부터 저녁 8시경까지의 일정밖에 적을 수 없는 제품이 있다. 그러나 우리에게 주어진 시간은 누구에게나 1일 24시간이다. 9시부터 6시까지 일을 한다고 해도 15시간이나 남는다.

'이 15시간 안에 학습이나 취미, 가정, 친목, 휴식 등에 사용하는 시간을 어떻게 배분할 것인가?'

삶의 질을 높이려면 반드시 이 15시간의 포트폴리오를 관리해야 한다. 반대로 말해 낮의 업무 시간에 대한 일정밖에 채우지 못하는 사람은 나머지 15시간을 낭비하는 셈이다. 아침에는 최대한 늦게 일어나고 밤에는 아무 생각 없이 텔레비전 또는 스마트폰을 보거나 매일 밤 술자리를 전전한다면 귀중한 시간이 낭비될 뿐이다. 따라서 미래의 자기 행복도를 높이려면 1일 24시간 중에서 '어떤 일에 시간을 얼마만큼 사용할까?'를 늘 생각하고 시간의 투자 효율을 최대한 높여야만 한다.

목적별로 시간의 틀을 정한다

주간 계획표 양식의 수첩으로 일정을 관리할 때는 '목적별'로 시간의 틀을 정하는 것이 포인트다.

- **술자리 약속은 수요일 저녁에만 잡기.**
- **화요일과 금요일은 7시까지 귀가해 가족과 저녁 식사하기.**
- **월요일 밤에는 공부 모임이나 세미나 참석하기.**

이처럼 1주일 안에서 미리 업무, 학습, 취미, 친목, 가정 등의 목적에 따라 시간의 틀을 정해두자. 주간 계획표 양식의 수첩을 추천하는 이유는 이번 주의 페이지를 펼쳤을 때 1주일간의 포트폴리오를 한눈에 파악할 수 있기 때문이다. 1주일 안에서 각각의 비율을 고려해 균형 있게 시간을 배분하면 적어도 일만 하느라 가족과 보낼 시간은 물론 자기 계발할 시간조차 없는 서글픈 인생이 되지는 않는다.

만일 시간의 틀을 정하지 않고 누군가가 술을 마시자고 할 때마다 일정에 넣으면 한 주에 서너 번이나 술자리에 참석하게 될 수도 있다. 계획대로라면 학습이나 가족을 위해 시간을 써야 하는데도 매일 밤 술집을 전전하는 사이 1주일이 끝나버릴지도 모른다.

실제로 나 또한 회식이나 술자리 일정은 수요일 저녁에만 넣기로 정해두었다. 고마운 일이지만 회사를 경영하면 술자리에 자주 초대받는다. 하지만 이 초대에 전부 응한다면 평일 저녁에 가족과 보낼 시간이 사라져버린다. 그래서 나는 1주일 안에 '회식·술자리=수요일 저녁'이란 틀을 정해놓고 우선순위가 높은 일부터 계획표에 넣는다. 한마디로 회식이나 술자리라 해도 모두 똑같지 않아서 이것이 때로는 '투자'가 되고 때로는 '소비'가 된다.

신세 진 사람들에게 겸사겸사 고마움을 표하기 위한 회식이나 업무적으로 인맥을 넓히기 위한 모임 등은 시간을 투자하는 자리이므로 우선순위가 높아진다. 그렇다고 해서 오랜 친구와의 편한 술자리를 시간 낭비라고 하기는 어렵다. 때때로 이런 자리가 기분 전환이나 정보 수집의 기회가 되는 까닭이다. 그러므로 회식 일정이 직전에 취소되었을 때는 '그러고 보니 최근 길에서 우연히 고등학교 동창을 만나 다음에 한잔 마시기로 했으니 연락해볼까?'라며 친구와 술 약속을 잡기도 한다.

어찌 됐든 '수요일 저녁'이라는 틀을 한 번 정하면 회식이나 술자리에 사용하는 시간이 무제한으로 늘어나는 일은 절대 없다.

공부 역시 요일이나 시간대의 틀을 정하는 것이 지속하는 비결이다. 영어 회화 학원에 다니거나 무언가를 배울 때도 수업을 간단히 변경할 수 있으면 결국 1주일 안에 끝마치지 못한다.

'오늘은 야근이라 못 가니 다른 날로 바꾸면 돼.'

이렇게 생각하고 계속해서 수업 날짜를 미루는 사이에 학습 리듬이 깨져버려 결국 그만두는 일이 벌어진다. 하지만 '화요일 저녁은 영어 회화 수업에 사용하겠다'라는 식의 틀을 정하고, 그 시간은 반드시 학습을 위해 사용하기로 마음먹으면 이를 달성할 수 있다.

학습이나 운동을 시작하고도 지속하지 못해 좌절하는 사람이 많다. 일상생활 속에서 좋은 습관을 유지하기 위해서라도 주간 계획표 양식의 수첩으로 시간의 틀을 정하는 것이 중요하다.

시간의 ROI를 최대화한다

시간의 틀을 정할 때는 시간의 ROI(투자 대비 효과·29쪽, 33쪽 참고)를 고려해야 한다. 특히 공부는 대개 일정 기간에 시간을 집중적으로 투자하겠다는 마음으로 시간을 배분해야만 큰 효과를 얻을 수 있다.

한가지 예로, 토라이즈에서는 '1년에 1000시간'의 영어 학습 프로그램을 수강생에게 제공한다. 이를 달성하려면 '하루에 약 3시간' 정도 학습해야 하므로 수강생에게도 이렇게 시간의 틀을 설정하게 한다. 일이 바쁜 사람도 많기 때문에 하루에 3시간을 영어 학습 시간으로 일정에 넣기란 쉬운 일이 아니지만 그 대신 1년 후에는 확실히 영어로 말할 수 있게 된다. 영어로 한마디도 못했던 사람이 혼자서 해외 출장을 담당하거나 외국계 기업으로 멋지게 이직하는 등 커다란 수익을 올리는 것이다.

일본 항공사에서 일하던 한 수강생은 고급 수준으로 영어 실력을 끌어올려 외국계 항공사로 이직한 결과, 연봉이 무려 3배로 늘었다며 기뻐했다. 똑같은 시간을 투자해도 시간의 ROI를 의식하면 그 후의 인생, 구체적으로 말해 자신이 벌어들이는 수입까지 완전히 달라진다.

만약 1년이 아니라 3년 또는 5년 안에 1000시간이었다면 아마도 고급 영어를 익히지는 못했을 것이다. 똑같은 1000시간이라도 학습 기간이 길면 느긋하게 '1주일에 한 번 1시간' 정도 학습해도 괜찮다는 계산이 나온다. 확실히 이처럼 느긋한 속도라면 일정에 넣기도 한결 수월하다.

그러나 영어는 단기간에 일정 수준 이상의 부담을 주어야만 몸에 밴다. 다음 학습 때까지 공백이 있으면 지빈 시간에 외운 내용을 점점 잊어버리는 까닭에 매번 초기 상태로 돌아가버린다. 우리 주변에 영어 회화 학원에 5년이나 다녔는데도 아직 비즈니스를 할 정도의 실력은 아니라고 말하는 사람이 많은 이유 또한 여기에 있다.

모든 일에는 '역치'가 있다. 역치란 어떤 자극을 주었을 때 그 수준을 넘어야만 반응이 일어나는 '한계치'를 뜻한다. 물론 학습에도 역치가 있다. 역치를 넘지 않은 범위에서는 질질 끌며 공부해봤자 거의 효과가 없다. 아무런 수익이 없다면 학습 역시 투자가 아닌 단순한 시간 낭비일 뿐이다.

중요한 점은 '지금은 일이 바쁘니 학습에 사용하는 시간의 틀은 이 정도로 해두자'며 눈앞의 현상으로부터 생각하지 말고, 눈앞의 목표로부터 역산해 '지금 이 시기에 투자해야 할 시간은 어느 정도 인가'를 먼저 정해두는 것이다. 모처럼 시간을 투자한다면 시간의 ROI를 최대화하겠다는 생각으로 일정을 짜기 바란다.

휴식과 놀이도
일정으로 관리한다

휴식이나 놀이도 인생의 중요한 일정이다. 쉬지 않고 매일 일만 하며 보내면 사람은 반드시 피폐해진다. 바쁘다는 이유로 계속 일만 하면 결국 업무 효율은 물론 생산성까지 떨어진다. 우리는 로봇이 아니므로 반드시 확실하게 휴식을 취하고 놀이나 취미활동을 통해 재충전해야 한다.

일에서 벗어나 가족 또는 친구와 보내는 시간은 우리 인생을 풍요롭게 한다. 평소에 하지 못하는 귀중한 체험을 하거나 비즈니스 업계에서 만나기 힘든 사람들과 교류하는 일은 당신의 인생을 뒷받침하는 커다란 자산이 되기도 한다.

그런데 많은 사람들이 업무 일정은 짜도 개인 일정은 잘 짜지 않는다. 이런 까닭에 야근과 휴일 출근이 이어져 쉬거나 노는 시간을 전혀 갖지 못하는 상황이 발생한다. 일정을 짜지 않으면 당연히 사적인 시간을 관리하기 어렵다. 1일 24시간을 적을 수 있는 수첩을 사용하여 출근 전이나 퇴근 후, 휴일까지 포함해 시간을 관리할 필요가 있다.

앞서 이야기했듯이 토라이즈에서는 직원들이 야근을 거의 하지 않는다. 사장인 나 역시 매일 5시 반 정시에 퇴근한다. 그리고 회식이나 술자리 일정이 있는 수요일 저녁 이외에는 곧장 귀가해 가족과 함께 보낸다. 휴일도 확실하게 챙겨서 일요일에는 가족과 쇼핑이나 야외활동을 하러 나간다. 이처럼 사적인 시간을 충실히 보낼 수 있는 이유는 1주일 안에 업무와 가정을 위해 사용하는 시간의 틀을 각각 정해둔 덕분이다.

지독한 워커홀릭처럼 보이는 손정의조차도 1주일 안에서 시간 규칙을 정하고 쉴 때는 확실하게 쉬었다. 일요일에는 업무 일정을 넣지 않고 취미인 골프를 치는 것이 그의 습관이다. 한때는 잠자리에 들기 전 자택에 있는 스크린 골프 기계로 라운딩을 즐기기도 했다. 또한 앞서 이야기한 대로 일하는 도중 종종 산책을 나가기도 한다. 인생에는 휴식과 놀이가 필요하다는 사실을 손정의 역시 잘 알고 있는 것이다.

일정 관리란 단지 일하는 시간을 관리한다는 의미가 아니다. 우리 인생 전체의 시간을 관리하고 장기적으로 생애 시간을 관리해야만 일정을 관리하는 의미가 있다. 그러니 당신도 당장 수첩을 펼쳐 휴식이나 여가 일정을 짜길 바란다.

주간화로 행동을 고속화하는 법

1. 일정은 1주일 단위로 짠다.
2. 인간이 관리하기 적합한 숫자 '7'을 의식한다.
3. 1주일 안에서 꼭 여유 시간을 만든다.
4. 수첩에 태스크 달성 여부를 O·X로 기록한다.
5. 축소 균형이 아닌 확대 균형으로 생각한다.
6. 병목을 찾아내 제거한다.

1일 24시간 단위로 포트폴리오 관리하는 법

1. 아침 8시부터 저녁 8시까지만 기록할 수 있는 수첩은 사용하지 않는다.
2. 목적별로 시간의 틀을 정한다.
3. 자신의 평균 작업 시간을 파악한다.
4. '술자리 일정은 수요일 저녁에만 넣는다'고 정했다면 더 이상 이 시간의 틀을 늘리지 않는다.
5. 투자하는 시간인지 소비하는 시간인지를 생각한다.
6. 일정 기간에 집중적으로 투자해 수익을 늘린다.
7. 휴식과 놀이도 중요한 일정임을 상기한다.

손정의에게 배우는 시간 관리

- 1주일 안에서 시간의 규칙을 정하고 쉴 때는 확실하게 쉬었다.
- 일요일에는 업무 일정을 넣지 않고 취미인 골프를 즐겼다.

숨겨진
시간을 찾아라

시간이
없으면
개척하라

당신은 습관처럼 '시간이 없다'고 말하지 않는가. 오늘날에는 1인당 업무량이 늘지 않은 분야가 없으므로 이렇게 말하고 싶어지는 기분도 충분히 이해한다. 하지만 인생에는 시간이 없다고 핑계 대기 어려운 상황이 갑작스럽게 찾아온다. 이럴 때는 어떻게 해야 할까?

정답을 말하자면 시간을 '개척'해야 한다.

하루에
3시간씩 찾아내다

소프트뱅크로 이직한 지 얼마 되지 않아 시간을 개척해야만 한다는 압박을 받았다. 당장 영어 실력을 키우지 않으면 '해고'되는 상황에 직면했기 때문이다.

당시 나는 영어로 입도 뻥긋하지 못했다. 참고로 입사할 때는 업무상 영어가 필요하리라고는 생각하지 못했다. 면접 때 손정의에게 영어를 할 줄 아느냐는 질문을 받았을 때도 '영어 회화쯤이야'란 생각에 적당히 얼버무렸다.

그런데 손정의의 해외 출장에 처음으로 동행했을 때 내 영어 실력이 '엉망진창'이라는 사실이 만천하에 드러나버렸다. 외국계 기업과의 미팅 자리에서 무슨 말이 오가는지 전혀 알아듣지 못했던 것이다. 회의가 끝날 때까지 나는 고개를 숙인 채 잠자코 있어야만 했다.

당연히 손정의는 기가 차다는 표정이었다. 그 표정을 본 나는 영어 실력을 키우지 않으면 회사에서 쫓겨날 것임을 직감했다. 그러나 당시에 나는 아직 시간 관리 기술도 익히지 못했을 뿐더러 눈코 뜰 새 없이 바쁜 나날을 보내고 있었다. 손정의의 미팅에 밤 늦게까지 동석했고, 미처 끝내지 못한 일은 집으로 가져가서 마저

끝냈으며, 다음 날에는 다시 아침 일찍부터 미팅에 참석하는 날이 많았다.

아무리 생각해도 영어를 공부할 시간이 없었지만 영어 실력을 늘리지 않으면 해고될 거라는 생각에 시간이 없다면 만들어내기로 결심했다.

다양한 자료를 조사한 결과, 일본인 성인이 영어를 습득하려면 '1000시간' 정도 학습해야 한다는 사실을 알아냈다. 좌우간 하루라도 빨리 영어를 습득하고 싶었기에 이를 1년 안에 달성하기로 마음먹었다. 1년에 1000시간이면 연간 약 50주이니 1주일에 20시간, 하루에 3시간씩 공부하면 영어로 말할 수 있다는 계산이 나왔다.

그렇다면 이 3시간을 어떻게 개척했을까? 나는 내 하루의 행동 패턴을 철저히 분석해 영어 학습에 사용할 만한 시간을 필사적으로 찾았다. 그 결과 다음과 같은 방법으로 학습 시간을 만들어낼 수 있었다.

- **월요일부터 금요일까지 주 5일간 영어 회화 학원의 아침 수업(오전 7시 반~8시 반) 수강하기.**
- **왕복 2시간 정도 걸리는 출퇴근 전철 안에서 청해 교재 듣기.**
- **집에서 역까지 걸어가는 동안 섀도잉하기.**

나는 1년간 이 계획을 실천에 옮겼다. 그 결과 외국인 친구들과 영어로 협상이나 비즈니스 상담을 하게 된 것은 물론, 심지어 외국 기업과 관련된 안건이나 프로젝트까지 맡게 됐다. 하루에 3시간이란 시간을 개척함으로써 커다란 수익 창출에 성공한 것이다.

"시간이 없다면 개척하라."

이와 같은 경험 덕분에 나는 이렇게 단언할 수 있다.

자투리 시간을 버리지 않는 사람

아무리 바쁘더라도 여기저기에 자투리 시간이 숨어 있는 법이다. 내가 영어 학습에 사용한 출퇴근 시간이 대표적인데 그 밖에도 낮에 이동하는 시간이나 전철을 기다리는 시간, 점심 식사 후의 남은 시간 등 찾아보면 비어 있는 시간대는 얼마든지 있다.

다만 자투리 시간은 시간 그 자체가 매우 짧고, 대개는 예상치 못한 타이밍에서 생기므로 멍하게 있으면 순식간에 지나가버린다. 그러므로 자투리 시간이 생긴다는 사실을 예상하고 그 시간을 어떻게 사용할지를 미리 생각해둬야 한다.

손정의는 화장실을 사용하는 시간마저 업무에 능숙하게 활용했다. 미팅 중 논의가 격해져서 자신이 불리해질 것 같으면 갑자기 '화장실에 다녀오겠다'며 회의실을 나간다. 그리고 화장실에서 돌아오면 또다시 맹렬하게 반론하기 시작하는데, 이는 소프트뱅크의 회의 때 자주 있는 일이었다. 아무래도 손정의는 생각을 정리하거나 사고를 전환하기 위해 화장실에 다녀오는 듯하다. 온종일 쉬는 시간 없이 빼곡한 일정을 소화하는 손정의에게 화장실에서 보내는 시간은 혼자만의 귀중한 시간이므로 이 시간을 허투루 보내지 않고 가치 있게 활용했던 것이다.

　나도 최근에는 손정의를 모방해 논의가 거의 막바지에 이르렀을 때는 미팅 중에도 곧잘 화장실에 간다. 화장실에 가는 시간까지 활용하는 것에 놀랄지도 모르지만 그 어떤 자투리 시간도 놓치지 않고 개척하겠다고 의식하면 하루에 사용 가능한 시간을 충분히 찾아낼 수 있다.

자투리 시간
효율적으로 활용하기

1. 걸으면서 학습 및 운동 부족 해소하기

예전에 내가 그랬던 것처럼 출퇴근하는 전철 안에서 영어 듣기 연습을 하는 사람들이 제법 많을 것이다. 출퇴근 시간과 더불어 걷는 시간까지 활용하면 더 많은 시간을 개척할 수 있다.

당시 나는 집 근처 역까지 걸어서 약 20분쯤 걸리는 곳에 살았는데 매일 역까지 걷는 동안 이어폰으로 영어 오디오 교재를 들으면서 귀로 들은 영어 회화를 따라 하듯 복창하는 섀도잉을 했다. 오전 7시 반에 시작하는 영어 회화 학원 수업을 듣기 위해 6시쯤 집에서 나왔으므로 겨울에는 아직 어두컴컴한 길을 영어를 중얼거리며 걸었던 기억이 생생하다. 전철 안에서는 주변 사람의 시선이 신경 쓰여 소리를 내지 못하는 사람도 길을 걸을 때는 마음껏 섀도잉할 수 있다.

출퇴근 때 전철을 타는 시간이 짧아 공부 시간을 확보하기 어려운 사람은 전 역에서 내릴 것을 권한다. 도심에서는 이런 방법으로 15분에서 20분 정도의 시간을 개척할 수 있다. 걸으면 운동 부족도 해소되니 일석이조다.

　최근에는 건강을 위해 자전거로 출퇴근하는 사람들도 많은데 영어나 자격증 공부를 할 때는 되도록 전철을 이용하거나 걸어서 출퇴근하자. 자전거를 타는 동안에는 교재를 듣거나 펼칠 수 없으므로 자전거는 학습 시에 적합하지 않다.

　만약 '1년 안에 영어를 완벽히 구사한다'라는 목표가 있다면 그 기간만이라도 출퇴근 수단을 바꿔서 부디 학습을 위한 시간을 개척하길 바란다.

2. 출근 전에 공부나 운동하기

회사원이 하루 중 가장 자유롭게 사용 가능한 시간대는 출근 전 시간이다. 이 시간대에는 업무 전화나 메일에 방해받지 않고 좋아하는 일에 집중할 수 있다. 저녁에는 갑작스러운 야근이나 약속이 생기기도 하므로 출근 전 시간을 잘 활용하면 매일 정해 놓은 일을 확실히 실행할 수 있다.

　출근 전 시간은 개척하기 쉽다는 이점도 있다. 지금보다 1시간 일찍 일어나면 그만큼 자유롭게 사용할 수 있는 시간이 늘어난다. 이 시간 역시 공부나 자기 계발에 사용하라고 권하고 싶다. 한때 내가 출근 전 영어 회화 수업을 들은 이유 또한 이 시간대라면 바쁜 업무에 방해받지 않고 매일 꼬박꼬박 출석할 수 있기 때문이었다.

운동 부족으로 건강이 염려되는 사람은 몸을 움직이는 시간으로 사용해도 좋다. 피트니스 센터의 새벽 코스를 이용하거나 걷기 운동을 하는 것도 업무 핑계를 대지 않으면서 운동을 습관화하는 비결이다. 건강하지 않으면 낮 동안 업무에 집중해 효율적으로 일하기 어려우므로 이 또한 자투리 시간을 활용하는 매우 효과적인 방법이다.

삶의 질을 올리고 싶다면 '아침에 승부 걸기'를 신조로 삼자.

3. 출근하자마자 태스크 정리하기

PART3에서 설명했듯이 아침에 출근하면 우선 하루의 계획을 세워야 한다. 오늘 해야 할 태스크를 정리하고 일정을 짜야 하는 것이다. 단, 태스크 정리 그 자체에 지나치게 긴 시간을 들이는 것은 본말전도이니 출근 시간을 15분 정도 앞당겨서 태스크 정리에 활용하기만 해도 충분하다. 그리고 일이 시작되면 일정에 따라 곧장 움직여야 한다.

참고로 출근해서 처음으로 할 태스크로는 조회를 권한다. 토라이즈에서도 9시 15분에 업무가 시작되자마자 15분간 조회를 한다. 조회 때 각 직원이 태스크 양을 발표하고, 야근해야 하는 사람이 있으면 다른 사원에게 일을 분배하는 식으로 태스크의 양을 조정한다.

이처럼 매일 아침 15분간 조회를 함으로써 팀 전체의 1일 생산성이 뚜렷하게 상승하는 것이다. 부디 당신도 아침마다 조회를 효율적으로 활용하고 만약 조회가 없다면 직장에 조회를 하자고 제안해보길 바란다.

ㄴ. 이동 시간에 메일 처리하기

나는 이동 시간을 메일 처리에 사용한다. 아침에는 회사에 도착할 때까지 스마트폰으로 메일을 확인하고 답장을 보내야 할 모든 메일에 답장한다. 잠시 후에 설명하겠지만 회사에 있을 때는 메일에 답장하는 시간을 정하고 그 외의 시간에는 메일을 열어보지 않는 편이 좋다.

만일 이동 시간이 있다면 그 시간을 활용해 닥치는 대로 메일을 처리해야 한다. 책상 앞에 앉아서 모든 메일에 느긋하게 답장을 보내는 행위는 시간 낭비일 뿐이다. 자료를 첨부해야 하는 등 반드시 컴퓨터로 답장해야 할 메일이 아니라면 이동 시간에 스마트폰을 사용해 적극적으로 답장을 하자.

5. 점심으로 회식 대신하기

흔히 회식이라고 하면 저녁에 하는 이미지가 있지만 꼭 그렇지 않다. 점심과 회식을 겸하면 저녁때 일부러 시간을 내지 않고도 얼마든지 약속을 잡을 수 있다. 나 역시 곧잘 점심 식사에 외부 사람을 초대해 함께 밥을 먹으며 정보를 교환하거나 인맥을 쌓는다.

손정의는 아침 식사와 미팅을 겸했다. 그는 대개 출근 전에 호텔 일식집에서 아침 식사를 했는데 종종 그 자리에 다른 회사의 경영인이나 거래처 사람을 불러서 함께 식사하며 일에 관한 이런저런 이야기를 나눴다.

점심으로 회식을 대신하면 시간이 길어지지 않는다는 이점도 있다. 보통 점심시간은 1시간, 길어도 1시간 반 정도면 끝난다. 저녁에 술과 함께하는 회식은 자칫하면 밤늦게까지 이어질 우려가 있으니 회식 시간을 줄이고 싶다면 점심시간을 효과적으로 활용하자.

6. 자기 전 뇌를 자극해 수면 시간 활용하기

나는 잠자리에 들기 전 만들다 만 자료나 쓰다 만 메모를 살짝

읽어본다. 그러면 자는 동안에 머릿속이 정리돼 아침에 일어났을 때 참신한 아이디어가 떠오르기 때문이다. 이 방법을 나는 '1박 2일법'이라고 부른다.

인간의 뇌는 우리가 자는 동안 기억에 꼬리표를 단다. 기억을 관장하는 뇌의 해마라는 부위가 '이 기억은 어느 주제이고 어디에 보관해야 할지'를 정리하는 것이다. 그리고 우리가 무언가를 떠올리려고 할 때 뇌가 꼬리표를 검색해 필요한 정보를 빼낸다.

그러므로 중요한 일이나 정리하고 싶은 생각을 잠자리에 들기 직전에 입력하면 자는 동안 뇌가 꼬리표를 달아 정리해주므로 잠에서 깼을 때 '아, 이렇게 하면 되겠구나!' 하고 깨달음을 얻게 된다. 그러면 아침에 일어나자마자 만들다 만 자료를 거침없이 완성할 수 있다.

이 '1박 2일법'을 활용하면 업무나 학습이 효율적으로 척척 진행된다. 밤늦게까지 야근을 해봤자 피로하거나 집중력이 떨어져서 생각이 정리되지 않는다. 그럴 바에야 미련 없이 일을 도중에 매듭짓고 잠자리에 들기 전 끝내지 못한 일을 한번 쭉 훑어본 다음 빨리 침대에 눕는 편이 더 낫다. 자는 동안 뇌가 부지런히 일하는 덕분에 다음 날 아침부터 단번에 일을 끝마칠 수 있기 때문이다. 시간을 끌면서 야근할 때보다 몇 배나 효율적이다.

수면 시간까지 자투리 시간으로 활용하면 1일 24시간을 골고루 전부 사용할 수 있다.

어떤 작업이든
한 번에
끝내라

일을 빨리하는 비결은 '1차 완결률'을 높이는 것이다. PART1, 2에서도 설명했듯이, 이 말은 '작업은 한 번에 끝내라'는 의미다.

예를 들어, 메일을 열었으면 바로 답장해야 한다. 당연한 말 같지만 이렇게 행동하는 사람은 별로 없다. 나중에 답장해야겠다며 일단 메일을 닫지만 잠시 후 똑같은 메일을 다시 연다. 어떻게 답장할지 고민하는 사이에 전화가 와서 또 메일을 처리하지 못한다.

우리 주변에서 흔히 볼 수 있는 패턴이다. 이렇게 행동하면 몇 번이고 컴퓨터를 켜서 처음부터 다시 메일을 읽어야 한다. 같은 일을 여러 번 되풀이하는 탓에 한 번에 했으면 10초 만에 끝날 일에 두 세배의 시간이 소비된다. 낭비도 이런 낭비가 없다.

"작업은 한 번에 끝낸다."

업무가 쌓이지 않기를 바란다면 무엇보다 이 말을 명심하자.

일의 대기 행렬이
업무 속도를 점점 느리게 한다

작업을 한 번에 끝내지 않으면 어떤 일이 벌어질까? 바로 '대기 행렬'이 생기게 된다.

이는 은행 창구를 떠올리면 쉽게 이해된다. 창구 담당자가 손님 응대에 한 사람당 5분 정도의 시간을 사용한다고 하자. 당신이 아침 일찍 은행에 가서 첫 번째 손님이 되면 창구에서 용무를 끝마치는 데 걸리는 시간은 단 5분이다. 그런데 점심시간에 은행에 갔더니 대기 손님이 많아서 당신의 순서는 11번째였다. 앞에 대기 중인 사람이 10명이므로 50분을 기다려야 한다. 자신의 용무를 끝마치는 시간까지 포함하면 55분이나 걸린다.

담당자가 응대하는 시간은 어느 상황에서든 '한 사람당 5분'으로 변하지 않았다. 즉, 일의 효율은 완전히 똑같다. 하지만 일단 대기 행렬이 발생하면 일을 끝마치기까지 걸리는 시간이 그만큼 길어진다.

회사 업무도 이와 똑같다. 작업을 한 번에 끝내지 않고 두 번, 세 번 다시 작업하는 사이에 일의 대기 행렬은 자꾸만 길어진다. 그리하여 정신을 차렸을 때는 10개, 20개쯤 되는 업무가 눈앞에 쌓여 있게 된다. 대기 행렬은 개인뿐 아니라 조직 전체에도 병목 현상을 일으킨다. 모두 '저 사람에게 일을 부탁하면 항상 기다려야 한다'고 인식하게 되므로 함께 일하는 사람들까지 시간을 낭비하게 된다. 개인과 조직 모두의 시간 효율을 높이기 위해서라도 일은 반드시 한 번에 끝내자.

메일 처리 시간을 정하라

대기 행렬이 생기는 주요 원인 중 하나로 메일 처리를 꼽을 수 있다. 책상에 앉아 다른 작업을 하면서 잠깐 메일을 열었다가 닫고, 잠시 후 또다시 메일을 열었다가 닫는다. 어느 사무실에나 이런 행동을 반복해 마치 온종일 메일을 읽고 있는 듯한 사람이 있다. 가뜩이나 오늘날 사업가나 회사원 중에는 하루에 수십 통 내지 100통이 넘는 메일을 받는 사람도 많다. 메일이 올 때마다 컴퓨터 앞에 붙어 앉아 메일을 처리한다면 답장하는 일만으로 하루가 끝나버린다.

메일 처리의 1차 완결률을 높이려면 시간의 틀을 정해야 한다. 다른 작업과 마찬가지로 '메일에 답장하는 시간은 몇 시부터 몇 시 까지'라고 정한 다음 하루 일정에 넣길 바란다.

- **아침 9시에 출근하면 9시 15분까지 메일을 처리한다.**
- **점심시간 전인 11시 45분부터 12시까지 메일을 처리한다.**

이처럼 메일 처리에도 마감 시한을 설정하고, 그 외의 시간에는 메일에 답장하지 않는다는 규칙을 정하자. 이때는 PART2에서 소개한 '기대치'를 조율하는 일이 중요하다.

1. 오전 중에 온 메일만 처리하는 이유

내가 경영하고 있는 토라이즈에서도 컨설턴트가 수강생의 메일 에 답장하는 시간을 엄격히 정해두었다.

계약서의 약관에 "평일 정오, 12시까지 온 메일은 당일에 대응합니다. 그 이후에 온 메일은 다음 영업일에 대응합니다"라고 분명히 밝혀두었으므로 컨설턴트는 오전 중에 온 메일에만 답장한다. 미리 수강생과 기대치를 조율해둔 덕분에 업무에 아무런 지장을 초래하지 않는다.

만약 메일이 올 때마다 답장을 보낸다면 태스크의 양이 무한대로 늘어나 아침에 세운 하루의 계획이 무너지게 된다. 한 시간마다 메일을 읽고 답장하고, 급기야 업무 시간 이후에 온 메일에도 계속해서 답장을 보내는 사이에 야근 시간만 무한정 늘어나버린다. 이처럼 메일 처리를 위해 다람쥐 쳇바퀴 도는 방식으로 일을 계속한다면 일은 좀처럼 끝나지 않을 것이다.

토라이즈처럼 조직 차원에서 규칙을 정하는 것이 가장 바람직하지만 조직이 규칙을 정하기 힘든 상황이라면 스스로 메일 처리의 마감 시한을 설정해야 한다. 업무 시간 이후에 온 메일에도 성의껏 답장해주기 때문에 상대방이 이 사람은 밤늦게 보낸 메일에도 바로 응대해준다고 생각하는 것이다. 그러나 업무 시간 이후에 온 메일에 답장하지 않으면 상대방은 오늘 안에 답장을 받으려면 메일을 일찌감치 보내야겠다고 생각을 바꾼다. 스스로 규칙을 정하고 행동하면 대개 상대방도 규칙이 그러하다고 받아들이는 법이다.

2. 단 한 줄로 회신해도 된다

손정의의 메일은 항상 단답형이다.

"OK." "네."

단지 이 말뿐이다. 두 줄이 넘는 메일은 거의 보내지 않는다. 두 줄 이상의 정보를 전달하고 싶을 때는 직접 전화를 걸거나 상대방을 호출한다. 장문의 메일을 작성하기보다는 전화를 걸거나 직접 얼굴을 맞대고 이야기하는 편이 시간상 압도적으로 빠른 까닭이다.

특히 논의나 의견 교환 같은 복잡한 커뮤니케이션이 요구될 때는 메일을 주고받아서는 안 된다. 서로의 목소리나 표정을 알기 힘든 메일로는 원활한 의사소통이 거의 불가능하므로 반드시 어딘가에서 생각지 못한 오해가 생기거나 감정이 엇갈리게 되는 탓이다.

"저는 그렇게 생각하지 않습니다" "다른 방법을 검토해야 합니다" 같은 말도 전화나 얼굴을 맞대고 이야기할 때는 아무렇지도 않지만 메일을 통해 들으면 기분이 상할 수도 있다. 이로 인해 상대방과의 사이에 문제가 발생하면 이를 수습하는 데 불필요한 시간을 소비하게 될 뿐 아니라 관계 회복에도 많은 시간이 걸린다.

일이 좀처럼 끝나지 않으므로 대기 행렬 또한 계속해서 길어진다. 요즘 젊은 사람들 중에는 전화 통화를 불편하게 여긴 나머지 전화는 되도록 피하고 메일로만 연락을 주고받으려는 사람들이 적지 않은데 전화를 더욱 효율적으로 활용해야 한다.

간단한 연락이나 지시 사항 정도는 메일로 주고받아도 괜찮다. 하지만 메일은 애초에 양측이 정보를 공유해 의사를 결정하거나 상대방에게 상담 의뢰를 받아 문제를 해결하는 등 고차원적인 커뮤니케이션에는 적합하지 않다. 이런 메일을 받았다면 곧바로 "나중에 연락하겠습니다" 또는 "다음 미팅 때 만나 자세히 이야기합시다"라는 식으로 한 줄의 메일을 보내 일단 여기서 업무를 1차 완결하길 바란다. 그 후에는 전화를 걸거나 직접 만나서 대처하면 된다.

토라이즈의 컨설턴트들도 수강생의 학습 상황을 메일로 점검하는데 학생이 심각한 내용으로 상담을 요청했을 때는 "돌아오는 토요일, 센터에 오셨을 때 자세히 이야기해요" 라고 답장을 보내 별도로 얼굴을 마주하고 커뮤니케이션할 수 있는 시간을 내게끔 한다.

이렇게 하면 답장을 보낸 시점에서 상대방에게 '당신의 문제는 내가 분명히 인식했다'는 인상을 줄 뿐 아니라 문제 해결을 위한 행동까지 제안할 수 있으므로 수강생도 안심하게 된다.

상대방이 긴 메일을 보냈다고 해서 이쪽도 똑같이 장문의 메일을 보내야만 예의 있는 행동인 것은 아니다.

3. 메일에도 우선순위를 정한다

성실한 사람일수록 어떤 메일에도 똑같은 만큼의 수고를 들여서 처리하려고 한다. 그러나 본디 메일에도 분명히 우선순위가 있다. 회사 내의 간단한 연락일 때는 손정의처럼 "OK"라고 한마디만 보내도 해결된다. 하지만 상대방이 중요한 고객이거나 문제가 많은 안건일 때는 조금 더 정중한 말을 사용해야 한다. 즉, 모든 메일을 균등하게 처리할 필요는 없다.

나는 토라이즈의 컨설턴트들에게도 메일에 우선순위를 정해서 대응하도록 지시했다. 이 말은 고객에 따라 우열을 두라는 뜻이 아니라 '1년 안에 영어를 완벽히 구사한다'라는 수강생의 목표에 맞춰 더욱 세심하게 관리해야 할 사람이 누구인지를 생각하라는 의미다.

예를 들어, 영어 학습이 순조롭게 진행되고 있는 사람에게 온 메일이라면 "오늘은 열심히 공부하셨네요. 잘하셨어요!"라고 간단히 보내기만 해도 지원하는 의미로 충분하다. 한편 공부하는 도중 난관에 부딪혀 고민이라는 메일을 받았다면 그 수강생은 보다 중점적으로 관리해야 한다.

이처럼 상황별 우선순위에 따라 유연하게 대응함으로써 정해 놓은 틀 안에서 작업이 끝나도록 조정하는 작업이 중요하다.

4. 기대치를 채우면 충분하다

토라이즈의 사례에서도 알 수 있듯이 상대방의 기대치를 조절하면 업무의 1차 완결률이 올라간다. 일반적으로 '기한'과 '품질'을 상반되는 개념으로 여긴다. 보통 작업에 시간을 들이면 품질이 올라가고, 시간을 줄이면 품질이 떨어진다고 생각하는 것이다. 그러나 실제로는 애초에 품질을 과도하게 설정한 사례가 너무 많다.

다시 한 번 강조하지만 '결과물은 일을 맡긴 상대의 기대치만 채우면 충분'하다. 상사는 '자료를 만들 때 워드를 사용해 항목별로 작성하기만 하면 된다'고 생각하는데 부하직원이 자기 마음대로 '파워포인트로 만들어야 한다'고 여겨 자료를 만드는 데 불필요한 시간을 들인다. 그 결과, 태스크가 계속 늘어나 좀처럼 일이 끝나지 않는다. 이것이 일본의 회사 사무실에서 흔히 볼 수 있는 '과잉 품질'의 전형적인 예다.

토라이즈에서도 얼마 전 이런 일이 있었다. 회사를 홍보하기 위한 목적으로 나와 수강생의 인터뷰를 진행하게 됐는데 인터뷰 날짜가 좀처럼 정해지지 않았다. 담당자에게 물어보니 나와 수강생의 일정이 좀처럼 맞지 않는다고 했다. 하지만 '인터뷰 가능한' 수강생의 수는 100명이나 된다. 그런데도 일정이 맞지 않는 것은 조금 이상하다는 생각이 들어 자세히 물어보니, 담당자는 '꼭 인터뷰를 부탁하고 싶은 수강생이 있어서 반드시 그 사람과 일정을 조율하고 싶다'고 했다. 하지만 나는 특정 수강생을 지명한 적이 없고, 사람을 선택하는 데 조건을 달지도 않았다. 목록에 있는 100명 중 누구라도 좋으니 어서 빨리 일정을 정해주길 바랐다. 이것이 상사인 나의 '기대치'였다.

담당자에게 이렇게 전달하고 다른 수강생에게 연락한 결과 바로 인터뷰 일정이 잡혔다. 한 달 가까이 끝나지 않던 일이 하루 만에 종결됐다. 그 담당자도 자기 나름대로 고심한 끝에 '이 사람에게 부탁해야겠다'고 생각했으리라. 그러나 처음부터 "인터뷰 대상에 조건이 있습니까?" 하고 나의 기대치를 확인했더라면 한 달이라는 시간을 낭비하지 않고도 해결할 수 있었을 것이다.

일을 시작하기 전에 상대방의 기대치를 확인하면 1차 완결률이 올라갈 뿐 아니라 품질 면에서도 상대방에게 만족감을 줄 수 있다. 대기 행렬을 만들지 않기 위해서라도 업무에 착수하기

1차 완결률을 높이는 '기대치'

기대치 조율①
상대방을 이해시킨다

정오까지 메일을 보내면 당일에 답장이 오는구나.

메일은 오전에만 처리하니까 오후에는 고객의 메일을 신경 쓰지 않고 다른 일을 할 수 있겠다.

기대치 조율②
상대방의 기대치를 안다

보고서는 A4 용지 한 장에 요점만 목록 형식으로 정리해도 괜찮아요.

파워포인트로 만들지 않아도 되는구나. 그럼 5분도 안 걸리겠다.

전에 '기대치'를 확인하는 중요 단계를 꼭 기억하자.

빠른 시간 안에 결론을 내는 회의의 기술

회의 역시 '1차 완결'이 철칙이다. 모처럼 시간을 내어 회의에 참석했는데 그 자리에서 결론이 나지 않고 미뤄진다면 의사를 결정할 때까지의 시간은 두 배, 세 배로 늘어나게 된다.

물론 손정의는 어떤 회의든 그 자리에서 의사를 결정한다. 일본의 경영인들이 모이면 세상사를 둘러싼 이런저런 이야기로 긴 시간을 소비하는 바람에 결국 확실한 결론이 나오지 않을 때도 많지만 손정의가 참석하는 회의에서는 이런 광경을 절대 볼 수 없다. 상대가 대기업의 사장이든 미국의 유명 벤처기업인이든 그 자리에서 단번에 의사를 결정한다.

회의를 1차에 완결하기 위한 포인트는 다음 두 가지다.

- 회의의 지향점을 명확히 설정한다.
- '권한'과 '정보'를 한데 모은다.

믿기 어렵겠지만 일본의 회사나 조직에서는 '무엇을 위해서 여는지' 불분명한 회의가 많다. 따라서 회의에 참석한 사람들이 이렇게 대화하는 광경을 흔히 볼 수 있다.

"그런데 오늘은 무슨 이야기를 하는 거지?"

"음, 글쎄 나도 잘 모르겠는데."

일을 1차에 완결한다는 철칙으로부터 말하자면 이는 말도 안 되는 상황이다. 회의의 지향점이 명확하지 않으면 필요한 권한과 정보를 지닌 사람을 모을 수 없고, 사전에 회의의 목적이 참석자에게 전달되지 않으면 참석자가 의사결정의 재료가 될 정보나 자료를 가져올 수 없다.

회의의 지향점을 명확히 설정하고 권한과 정보를 한데 모으는 것, 이 두 가지 포인트를 짚어내야만 단 한 번의 회의로 목적을 이룰 수 있다.

1. 회의를 준비하는 과정이 중요하다

회의의 1차 완결률을 높이려면 회의를 설정하는 사람이 수완을 발휘해야 한다. 정말 중요한 것은 회의 중이 아니라 회의를 열기 전의 과정이다.

자화자찬이지만 손정의가 대부분의 회의에서 즉시 의사를 결정할 수 있었던 이유는 내가 회의 주제부터 의사결정의 과정까지를 상정해 '어떤 정보와 권한이 필요한지'를 철저히 밝혀낸 다음에 참석자를 결정했기 때문이라고 자부한다.

'프로젝트 매니저가 있어야만 의사결정이 될까?' '법무나 재무 책임자를 부르지 않으면 의사결정이 어려울까?' 아니면 '사내와 고객 측의 리더가 모두 참석해야만 순조롭게 의사결정이 이루어질까?' 때로는 변호사나 세무사 등 전문가를 부르거나 최신 기술에 관해 설명해줄 기술자를 초빙해야 할 때도 있었다.

이런 필요성을 사전에 철저히 밝혀내 회의 때 한자리에 모으면 손정의가 없어도 분명 10초 안에 의사를 결정할 수 있다.

회의를 준비하는 일은 게임에서 카드를 모으는 일과 같다. '이번에는 에이스를 네 장 모으면 끝날 것 같다' '다이아몬드를 3부터 7까지 모으면 임무를 달성할 수 있겠다'와 같이 상황에 따라 필요한 카드를 수중에 모으면 게임에서 한 방에 쉽게 이길 수 있다.

회의를 1차에 완결, 다시 말해 회의를 한 번에 끝내기 위해서는 지금 바로 회사에서 막연하게 사람을 모아 막연하게 시작하는 식의 회의를 없애길 바란다.

2. 회의록은 실시간으로 만든다

회의 자체를 1차에 완결했다 해도 아직 남은 태스크가 있다. 바로 회의록을 작성하는 일이다.

회의록 작성은 야근을 초래하는 또 하나의 요인이다. 회의가 퇴근 시간 직전에 끝났는데 상사에게 '내일까지 회의록을 만들어 오라'는 말을 들으면 야근을 할 수밖에 없다. 이를 피하는 방법은 한 가지뿐이다. 바로 회의록을 회의 중에 실시간으로 작성하는 것이다.

소프트뱅크에 근무할 때 나 역시 회의록을 작성하느라 꽤 애를 먹었다. 당시 손정의는 밤늦게까지 회의를 계속하는 날이 많았다. 그런데도 손정의는 '내일 오전 8시부터 다음 회의를 할 테니 그때까지 오늘 회의의 회의록을 정리해두라'고 지시했다. 이럴 때는 밤을 새워도 시간이 부족했다.

그래서 나는 회의록을 실시간으로 만드는 방법을 고안해냈다. 손정의는 회의 중에 화이트보드에 메모하면서 자신의 견해를 펼쳐나간다. 이런 까닭에 나는 출력 기능이 있는 화이트보드를 회의에 도입해 보드에 적은 내용을 바로 출력할 수 있게 했다. 회의 마지막에는 결론이 나오므로 이를 인쇄하면 그 자체로도 회의록으로 사용할 수 있다. 깔끔하게 써야 한다면 회의 중 화이트보드에 결론만 입력하면 회의록으로 충분하다.

최근에는 참가자 전원이 프로젝터 화면을 보며 적을 수 있도록 컴퓨터 화면을 프로젝터에 띄우기도 하는데 이 방법을 활용하면 회의가 끝나는 동시에 모두의 의견이 반영된 회의록이 완성된다.

더 간소하게 정부를 공유해도 괜찮다면 화이트보드를 사진으로 찍어서 메일로 보내도 된다. 이때 역시 기대치를 조율하는 작업이 중요하다. 어느 수준의 회의록이 필요한지 그 기대치를 미리 확인해두면 좋을 것이다.

회의록을 만드는 목적은 '누가 언제까지 무엇을 할까'라는 결론을 관계자 전원이 공유하는 데 있다. 이 목적만 달성한다면 회의록으로서 제구실을 하는 셈이다. 공적 기관의 회의록이 아닌 이상 참석한 사람의 발언을 모조리 주워 담아 긴 문서를 만들 필요는 없다.

최대한 간단하게 정리하고 싶다면 PART2에서 소개한 '결과물을 기초로 한 회의록'처럼 형식을 정해둔 다음 '담당자, 기한, 결과물' 칸에 명사로 적기만 해도 충분하다. 회의록 작성도 1차에 완결해 지체 없이 일을 처리해나가도록 하자.

다른 사람의 힘은
사양하지 말고
빌려라

다른 사람의 힘을 빌리는 데 있어서 손정의는 가히 천재적이다. 사업가로서 한 발 내디뎠을 때부터 다른 사람의 힘을 닥치는 대로 빌렸을 정도다. 소프트뱅크를 창업하게 된 계기가 손정의가 미국 유학 중에 발명한 '휴대용 자동 번역기'란 사실은 유명하다. 샤프에 이 발명품을 팔고 받은 계약금을 밑천 삼아 미국에서 사업을 시작한 일이 훗날 소프트뱅크의 창업으로 이어졌다.

그러나 실제로 이 휴대용 자동 번역기를 발명한 사람은 손정의가 아니다. 손정의는 제품의 아이디어와 콘셉트를 떠올렸을 뿐 실제 제품을 만든 사람은 당시 그가 재학 중이던 캘리포니아대학교 버

클리캠퍼스의 연구자들이었다. 손정의는 교내 연구자들에게 제조사와 특허 계약이 성립되면 보수를 지급하겠다고 약속한 다음 제품을 만들게 했다.

손정의가 다른 사람의 힘을 빌렸다는 점에 대해 의아하게 생각하는 사람도 있을 것이다. 그러나 자신의 아이디어를 실물로 만드는 능력이 있는 사람을 찾아낸 다음, 상대방이 '협력해도 괜찮겠다'고 생각할 만한 조건을 제시해 프로젝트에 참여시키고 멋지게 성과를 보여준 것은 의심의 여지없이 손정의의 수완이다. 게다가 처음 했던 약속대로 제조사와 계약해 연구자들에게 성과 보수를 지급했으므로 서로에게 이익이다.

다른 사람의 힘을 잘만 활용하면 혼자 처음부터 모든 것을 생각해 시행착오를 거듭할 때보다 몇 배나 더 빨리 목표에 도달할 수 있다. 손정의는 젊은 시절부터 이런 사실을 확실히 이해하고 있었다.

빌리고 싶은 힘이 있다면 즉시 행동에 옮겨라

손정의는 다른 사람의 힘을 빌리는 데 있어서 사양하거나 주저하는 법이 전혀 없다. 만일 모르는 내용이 있으면 필요한 정보나 비법을 알 것 같은 사람에게 계속해서 질문하고, 미팅이 한창 진행 중일 때도 궁금한 점이 생기면 즉시 전화한다. 상대방이 지방 출장 중이든 외국에 살든 아랑곳하지 않는다. 외국에 사는 구글의 CEO가 취침 중에 깨서 졸린 듯한 목소리로 전화를 받는 일도 왕왕 있었다.

비즈니스에서 성공을 거둔 인물을 소프트뱅크에 여럿 스카우트한 이유 또한 그 사람의 힘을 빌리기 위해서다.

한 가지 예로, 금융 관련 사업에 뛰어들었을 때는 전 노무라증권의 기타오 요시타카(현 SBI홀딩스 회장)를 이사로 직접 영입했다. 그 후 기업을 인수하거나 해외에 투자할 때는 후지은행(현 미즈호은행)의 부사장과 야스다신탁은행(현 미즈호신탁은행)의 회장을 역임한 가사이 가즈히코가 이사회 멤버에 포함된 것이 큰 힘을 발휘했다. 인도에 대한 투자를 적극적으로 추진하던 무렵에는 구글의 간부였던 니케시 아로라를 부사장으로 스카우트했다. 니케시 아로라는 인도 출신이므로 손정의는 현지 상황을 잘 아는 그의 힘을 빌리고 싶었던 것이다.

산을 오르려면
셰르파를 고용하라

지금 이 시점에서 힘을 빌리면 효율적으로 가장 빨리 목표를 달성할 수 있을 것 같은 인물을 데려와 그 사람의 힘을 빌리는 것이 손정의의 성공 비결이다. 비유하자면 산을 오를 때 셰르파를 고용하는 격이다. 셰르파란 에베레스트를 비롯한 히말라야를 등반하는 사람들의 안내인이다. 등반가나 모험가조차 산을 속속들이 아는 셰르파의 힘을 빌리지 않고서는 정상을 노리기 어렵다. 전문 가이드가 안내해주는 덕분에 산 정상에 도달하는 가장 짧은 길을 알 수 있고, 위험한 장소를 피할 수도 있다.

일본에서는 '자기 혼자만의 힘으로 해낼 때 가치가 있다'는 정신론이나 근성론이 아직도 뿌리 깊게 남아 있지만 그 누구도 등반가가 셰르파를 고용하는 일을 '비겁하다'고 말하지 않으리라. 오히려 우수한 셰르파를 찾아내 함께 팀을 짜서 등정이라는 목표를 달성하는 사람이야말로 진정한 등반가가 아닐까.

사업이나 일도 마찬가지다. 목표를 달성하는 데 필요한 재료를 가진 사람을 찾아내고, 그들의 힘을 능숙하게 활용해 회사나 팀 전체의 성과를 최대로 올리는 사람이 바로 요즘 시대가 요구하는 인재라고 할 수 있다.

애플 창업자 스티브 잡스도 생전에 이렇게 말했다.

"피카소가 말했다. '훌륭한 예술가는 모방하고 위대한 예술가는 훔친다'고. 그래서 우리는 위대한 아이디어를 훔치는 일을 부끄러워하지 않았다."

즉, 좋은 것은 당당하게 따라 하면 된다는 뜻이다. 잘 알려져 있듯이 애플의 아이팟 또한 소니가 개발한 워크맨의 콘셉트를 모방한 것이다.

손정의와 스티브 잡스처럼 비즈니스에서 성공을 거둔 위대한 기업인은 거의 예외 없이 다른 사람의 힘을 빌리는 데 능숙하다. 그러니 당신도 사양하지 말고 부디 다른 사람의 힘을 빌리는 일에 주저하지 않길 바란다.

아침에 모든 씨를 뿌려라

평범한 사업가나 회사원이라면 그 누구보다 함께 일을 하는 부하직원이나 프로젝트 멤버의 힘을 자주 빌릴 것이다. 때로는 업무를 부탁하고 때로는 도움을 받는 식으로 서로 힘을 빌려주면 팀 전체의 생산성이 높아진다.

단, 이때 반드시 지켜야 할 규칙이 있다. 바로 최대한 '일찍' 일을 의뢰하는 것이다. 늦어도 오전 중에는 상대방에게 부탁해야 한다. 퇴근 시간 직전에 부탁하면 상대방에게 야근을 강요하는 셈이된다. 그러나 오전에 일을 부탁하면 상대방은 하루 일정에 그 태스크를 넣을 수 있으므로 다른 태스크와 조정하면서 근무 시간 안에 일을 끝마칠 수 있다.

토라이즈에서 조회를 태스크 공유의 장으로 활용하는 이유도 여기에 있다. 출근하자마자 태스크를 공개하면 팀 내에서 비교적 여유로운 사람에게 일을 배정할 수 있다. 게다가 오늘 처리해야 할 태스크가 산더미처럼 쌓였는데 마침 상사의 눈에 띄어 갑작스럽게 일을 부탁받는 상황도 방지할 수 있다.

나는 매일 아침 회사에 도착할 때까지의 이동 시간에 메일을 검토하면서 태스크를 선별해낸다. 가령 '거래처로부터 새로운 의뢰를 받았으니 미팅을 열어야겠다' '이 안건은 사내에서 검토할 필요가 있으니 자료 수집을 부탁하자'와 같은 식이다.

이렇게 메일을 보며 태스크를 철저히 선별해내고 회사에 도착하자마자 비서나 직원에게 적합한 일을 배정한다. 이렇게 하면 각자 하루의 일정 안에서 그 업무를 끝마치게 되므로 나는 저녁 무렵에 계획대로 지시한 태스크가 끝났는지만 확인하면 된다.

아침에 씨를 뿌리고 오후에 수확하는 이미지를 떠올리면 이해하기 쉽다. 그리 서두르지 않아도 되는 태스크는 다음 날 조회 때

수확하면 그만이다. 어찌 됐든 중요한 점은 '아침에 모든 씨를 뿌리는 것'이다.

생각해보면 손정의도 아침에 출근하는 동안 차 안에서 이슈 리스트를 보며 비서에게 미팅을 준비하라는 지시를 내리곤 했다. 즉, 사업가나 회사원에게 '아침에 씨뿌리기'는 보편적인 태스크 관리 기술이다.

밤에는 다른 사람의 힘을 빌릴 수 없다

야근은 노동 시간의 관점에서 보았을 때도 좋지 않지만 업무 효율의 측면에서 생각했을 때도 큰 단점이 있다. 바로 다른 사람의 힘을 빌릴 수 없다는 점이다. 자신은 밤늦게까지 사무실에 남아 일을 한다고 해도 상사와 팀 멤버, 다른 부서 사람들은 이미 퇴근한 뒤다. 자료를 만들다가 상사에게 확인하고 싶은 사항이 생겨도 상사는 그곳에 없다. 다른 부서의 담당자에게 받아야 할 정보나 자료 역시 받을 수 없다. 그러면 아무리 야근을 해도 일이 진척되지 않는다.

최악의 상황은 제대로 알지도 못하면서 자기 생각이나 상상만으로 일을 추진해버리는 것이다.

'상사에게 아직 확인하지는 않았지만 아마 이런 느낌이겠지.'

이렇게 생각하고 자료를 만들면 다음 날 상사에게 제출했을 때 이런 자료는 쓸 수 없으니 다시 만들어오라는 말을 듣게 될 뿐이다. 모처럼 야근을 했는데도 결국에는 다시 작업해야만 하는 사태가 발생한다.

차라리 그럴 때는 야근을 하지 말고 일단 일을 끝마친 후, 다음 날 아침 일찍 상사에게 확인하거나 다른 부서 사람에게 자료를 받으러 가는 편이 낫다. 이렇게 해야만 업무가 몇 배는 더 빨리 처리된다.

다른 사람의 힘을 빌리기 쉬운 환경에서 일하기 위해서라도 야근은 하지 않는 것이 좋다.

힘을 빌리기 전에
빌려줘라

상대가 부하직원이라면 상사인 내가 힘을 빌리는 일은 그리 어렵지 않다. 문제는 상하 관계가 없는 프로젝트 멤버나 외부 사람의 힘을 빌려야 하는 상황이다. 특히 상대방이 처음으로 함께 일하는 사람이거나 프로젝트가 출범된 직후여서 아직 서로 간에 신뢰 관계가 구축되지 않은 상태라면 일을 부탁했을 때 '어째서 나한테만?' '바쁜데 저 사람이 일을 떠넘겼다' 등의 반감을 사게 될지도 모른다.

이럴 때는 우선 자신이 상대방에게 힘을 빌려줘야 한다는 사실을 명심하자. 사람은 누구나 상대방이 힘을 빌려주면 다음에는 나도 그 사람에게 힘을 빌려줘야겠다고 생각한다. 내가 소프트뱅크에서 프로젝트 매니저를 맡게 됐을 때 나보다 나이도 많고 경력도 많은 임원들에게 도움을 받았던 이유는 '빌리기 전에 빌려주기'를 실천한 덕분이었다.

앞서 이야기했듯이, 손정의는 툭하면 자기 마음대로 일정을 변경하고 약속을 취소했다. 그러면 곤란해지는 쪽은 일방적으로 약속이 취소된 상대편이다. 오늘 중으로 손정의에게 품의서를 받지 않으면 거래처와의 계약이 끊긴다며 난처해하는 임원들을 보다 못한 나는 먼저 '손정의가 한가할 때 내가 대신 도장을 받아오겠다'고 말했다. 그리고 차에 동승했을 때나 쉬는 시간을 틈타 계속해서 갖가지 서류에 도장과 사인을 받았다. 때로는 외출하는 손정의를 뒤쫓아가서 함께 차에 타 사인을 받은 다음, 신호 대기하는 틈에 차에서 내려 곧장 회사로 되돌아오기도 했다.

이런 눈물겨운 노력들이 임원들에게도 전달되었는지 나는 프로젝트 매니저가 되고 나서 '당신에게 빚이 있으니 무언가 할 수 있는 일이 있다면 돕겠다'는 말을 자주 들었다.

'다른 사람에게 내가 먼저 힘을 빌려주는 것'이 순조롭게 다른 사람의 힘을 빌리는 비결이다. 당신의 시간을 개척하는 데도 반드시 도움이 될 것이다.

시간을 개척하는 비법

1. 시간은 누구라도 개척할 수 있다.
2. 걷는 시간과 이동하는 시간을 최대한 활용한다.
3. 직장인의 최대 자유 시간은 출근하기 전이다.
4. 출근 직후에 태스크 정리 및 조회를 한다.
5. 점심시간에 회식을 하면 효율적이다.
6. 잠자리에 들기 전 뇌를 자극하면 효과적이다.

메일을 처리하는 효과적인 방법

1. 메일에 답장하는 시간대를 정한다.
2. 답장에 대한 기대치를 상대방과 조율한다.
3. 장문에 장문으로 답장할 필요는 없다.
4. 전화를 더욱 효과적으로 사용한다.
5. 메일에도 우선순위, 유연성을 더한다.

빠른 의사결정을 위한 회의의 기술

1. 회의 한 번으로 결론을 낸다.
2. 권한과 정보를 지닌 사람을 한데 모은다.
3. 회의록은 실시간으로 작성한다.
4. 회의록의 기대치 수준을 미리 확인해둔다.

다른 사람의 힘을 빌리는 기술

1. 다른 사람의 힘은 사양하지 말고 빌린다.
2. 부탁하고 싶은 일은 오전 중에 말한다.
3. 모르는 사항이 있으면 아는 사람에게 바로 질문한다.

시간 관리는
목적이 아니라
수단이다

일본 정부가 '일하는 방식 개혁'을 추진
하면서 최근 시간 관리에 대한 관심이 높아지고 있다. 나 역시 업
무 효율화나 야근 줄이기와 같은 주제로 강연이나 취재를 부탁받
는 일이 늘었다.

다만, 이 점은 오해하지 말았으면 좋겠다. 시간 관리는 목적이
아니라 '수단'이라는 점이다. 즉, 업무 효율 높이기 또는 야근 줄이
기 자체가 목적은 아니다. 목적은 어디까지나 '모든 사원이 일하
기 편한 시스템을 만드는 것'이며 업무 효율화와 야근 줄이기는 이
러한 목적을 이루기 위한 수단일 뿐이다. 개인이 시간을 단축하게
된 것은 상품이나 서비스, 조직의 규칙이나 운영 방식을 개선한

결과이므로 시간 단축하기 자체를 목적으로 삼아서는 안 된다. 시간 단축하기를 목적으로 삼으면 어떻게 될까? 이에 대한 상징적인 일화가 하나 있다.

소프트뱅크에서 근무하던 시절에 내가 저지른 실수에 관한 이야기인데 스스로 경계하고 반성하는 의미에서 소개하고자 한다.

당시 나는 야후BB의 콜 센터 운영을 맡고 있었다. 그 무렵 소프트뱅크는 회사에 관한 문의나 항의 전화가 빗발치던 시기였는데 콜 센터를 유지하고 관리하는 비용이 마침내 연간 30억 엔에 달하고 말았다. 그러자 손정의로부터 다음과 같은 지령이 떨어졌다.

"콜 센터 비용을 10퍼센트 삭감하라!"

즉, 3억 엔을 삭감하라는 것이었다. 인건비 등의 비용을 낮추려면 무엇보다 상담원과 고객이 대화하는 콜 타임을 줄여야 했다. 한 건당 콜 타임의 평균값을 측정해보니 8분 30초였다. 이 수치를 확인한 나는 단순히 '말하는 시간을 10퍼센트 줄이면 비용 역시 10퍼센트 절감되겠지'라고 생각했다. 그리고 현장 매니저들에게 다음과 같이 지시했다.

"고객과의 상담 전화를 7분 30초 안에 끝내도록 상담원들을 철저히 교육하세요."

그러나 이것은 나의 엄청난 실수였다. 시스템이 기반이 되지 않은 일하는 방식 개혁, 즉 상담원들에게 그저 '말을 빨리하라'고 지시한 셈이 돼버렸다. 상담원들이 목표 시간 안에 상담을 끝내려고 굉장히 빠른 속도로 말하게 됐기 때문이다. 심지어 7분 30초가 지나면 전화를 끊어버리는 상담원까지 나왔다. 당연히 '말하는 도중에 상담원이 전화를 끊어버렸다' '말이 빨라 알아듣기 힘들다' 등의 불만 전화가 빗발쳤고, 그 탓에 오히려 전체 콜 수가 증가하고 말았다.

이것이 바로 시간 단축하기를 목적으로 삼았을 때의 폐해다. 조직의 규칙이나 운영 시스템을 전혀 고려하지 않은 채 개인에게만 '시간을 단축하라!'고 강요하면 이런 결과가 나오는 것은 불 보듯 뻔하다.

그러나 현재 일본 정부가 추진하는 일하는 방식 개혁은 당시 내가 했던 행동과 조금도 다르지 않다. 야근을 없애려는 목적으로 일찍 퇴근하기만을 강요하면 업무 품질이 떨어지거나 팀이 원활하게 연계되지 않아 재작업해야 하는 상황이 발생하는 까닭에 결과적으로 조직의 생산성이 떨어져버린다. 진심으로 일하는 방식을 개혁하고 싶다면 먼저 '어떻게 해야 더 나은 시스템을 만들 수 있을까?'를 생각하고 실행해야 한다.

방금 이야기한 콜 센터의 사례에서 마침내 실수를 깨달은 나는 즉시 상담원의 노력에 의존하지 않는 시스템 만들기에 착수했다. 현장 사원에게 이야기를 듣거나 수치를 더욱더 세세하게 분석하면서 콜 타임이 길어지는 원인을 파헤친 결과 고객의 '모뎀 상황을 확인하는 과정'에 많은 시간이 걸린다는 사실이 드러났다.

고객의 모뎀 상황을 확인하려면 "깜빡거리는 램프는 있습니까?" "몇 번째 램프입니까?" "빨간빛입니까, 초록빛입니까?" 등등 몇 가지 질문을 해야만 한다. 이런 이야기를 주고받느라 시간이 걸렸던 것이다.

병목을 찾아내면 개선책 또한 금방 떠오른다. 나는 고객의 모뎀 상황을 콜 센터에서 원격으로 확인하는 수단을 도입함으로써 일일이 질문하지 않고도 고객의 모뎀 상황을 파악할 수 있게 했다.

즉, 운영 시스템 자체를 바꿔버린 것이다.

고객의 모뎀 상황을 확인하기 위해 필요했던 지금까지의 과정이 생략되었으므로 상담원이 빠른 속도로 말하는 등의 불필요한 노력을 하지 않고도 콜 타임이 자연스럽게 짧아졌다.

그 결과, 콜 타임의 평균 시간이 처음 목표였던 7분 30초로 줄었을 뿐 아니라 비용을 10퍼센트 삭감하라는 손정의가 요구한 목표까지 달성됐다. 시스템만 만들면 시간 단축은 결과적으로 따라오게 돼 있다.

'시스템'이라고 하면 거창한 이미지를 떠올리거나 어느 정도의 예산을 투입해야만 만들 수 있다고 생각할지 모른다. 하지만 이 책에서 소개했듯이 개인의 아이디어로 만들 수 있는 시스템은 얼마든지 있다. 혼자서 일을 떠맡아 고독하게 애쓰지 말고 팀 전체의 가동률을 높이고 서로 도우며 일을 해나가면 조직의 생산성은 반드시 향상된다. 회사와 개인이 함께 성장하면서 여유까지 손에 넣을 수 있는 것이다.

게다가 개인적으로는 업무나 취미, 가정에 이르는 모든 시간을 충실하게 보낼 수 있다. 일에서 성과를 내면서 개인 시간까지 마음껏 즐기게 되는 것이다. 이보다 행복한 일이 또 있을까?

책에서 소개한 시간 관리법을 수단으로 잘 활용하면 이처럼 충실한 인생을 손에 넣을 수 있다. 이 책을 읽은 모든 사람의 회사에서 또 우리 스스로 올바른 의미의 '일하는 방식 개혁'을 완수하길 진심으로 바란다.

세계에서 가장 성공한 사람은 시간을 어떻게 다룰까

손정의의 시간 관리법

초판 1쇄 인쇄 | 2024년 1월 29일
초판 1쇄 발행 | 2024년 2월 7일

지은이 　　 | 미키 다케노부
옮긴이 　　 | 송은애
펴낸이 　　 | 전준석
펴낸곳 　　 | 시크릿하우스
주소 　　　 | 서울특별시 마포구 독막로3길 51, 402호
대표전화 　 | 02-6339-0117
팩스 　　　 | 02-304-9122
이메일 　　 | secret@jstone.biz
블로그 　　 | blog.naver.com/jstone2018
페이스북 　 | @secrethouse2018
인스타그램 | @secrethouse_book
출판등록 　 | 2018년 10월 1일 제2019-000001호

ISBN 979-11-92312-84-2 03320